钟淼淼 著

图书在版编目（CIP）数据

青春期乐活笔记：女生版 / 钟淼淼著. —北京：石油工业出版社，2018.3
ISBN 978-7-5183-2363-0

Ⅰ.①青… Ⅱ.①钟… Ⅲ.①女性–青春期–健康教育 Ⅳ.①G479

中国版本图书馆CIP数据核字（2017）第312425号

青春期乐活笔记：女生版
钟淼淼　著

出版发行：石油工业出版社
　　　　　（北京安定门外安华里2区1号　100011）
网　　址：www.petropub.com
编 辑 部：（010）64523607　图书营销中心：（010）64523633
经　　销：全国新华书店
印　　刷：北京中石油彩色印刷有限责任公司

2018年3月第1版　2018年3月第1次印刷
710×1000毫米　开本：1/16　印张：6.5
字数：125千字

定　价：28.00元
（如发现印装质量问题，我社图书营销中心负责调换）
版权所有，翻印必究

前 言

某天，我和闺蜜聊天，她说女儿今年刚上初一，暑假去北京新东方寄宿学校密集学了一个月，连校门都没出，没看见北京长什么样，却长了十几斤肉，圆圆的脸蛋上布满了青春痘。女儿急得直跺脚，哭着问她"怎么办？"

"你这个年龄的孩子是最丑的。我十几岁的时候，也不好看。青春期变丑是一个普遍规律。"闺蜜言之凿凿地安慰着眼前已哭成泪人的女儿。

青春期的女孩都会变丑吗？

那不尽然。

美国女生十几岁的时候并不是这样，而是正好相反。

来美国游学几年，我发现美国十几岁的女孩是最美的。处在青春期的孩子有着阳光般的天然美，我在暑假的时候到海滩上跑步，经常看见一群群中学生在海滩上玩，女孩都穿比基尼，无一例外的长发，身体的线条那么完美，她们在阳光下奔跑嬉戏，一颦一笑都摄人心魄。男孩也一样，随便穿着沙滩裤在阳光下站着，都让人想起广告牌上的模特。他们美得让我嫉妒。

我把在美国的上述所见所闻告诉闺蜜，她硬生生地回了一句："那是在美国。"

好吧，我不与她争执，美国女生和中国女生有很大的区别吗？难道中国女生的青春期必定变丑？

青春期是人生中最美好的时期，为什么要在如此美好的花样年华里丑着度过呢？

丑小鸭变成白天鹅，灰姑娘成美丽的公主。这样的故事，也许你把它当作童话来看待，但现实生活中却不乏美梦成真的故事。

是继续丑下去？还是来次华丽转身？

嗨，女孩，你连自己的脸蛋和身材都管理不了，还有什么能力管理自己的人生？

嗨，女孩，千万不要相信女孩可以不白、不漂亮、身材可以不好之类的话，因为当有一天你终于又瘦又美的时候，你会发现你的人生就像开挂一样。

嗨，女孩，青春是一笔不耐花销的财富，时光匆匆如流水，岁月如流不复回。为了不让青春的相册里留存颜值负分的倩影，从现在起，管住嘴，迈开腿，多喝水，勤护肤，认真阅读《青春期乐活笔记》，开启健康精致生活吧！

第一章
萝莉的梦幻厨房

改善水肿体质 2
酸爽的瘦身汤 5
疼痛袭来的"受难日" 8
林荫道上的两个少女 11
想灭痘,先灭火 14
雀斑小姐 17
得不偿失的"骨感美" 20
减肥二人组 23
三千烦恼丝的问题 26
一个人失眠,全世界失眠 29
疲惫的逛街时刻 32
别让手游毁了你的视力 35
吃完就拉的糟糕体质 38
吃出来的美白肌肤 41

第二章
少女的美容教室

太平公主的哀愁 ……………………… 40

和痘印说再见 ………………………… 48

关于面膜的"秘密" …………………… 50

女神脸上的恶心黑头 ………………… 52

喝水的学问 …………………………… 55

美白进行时 …………………………… 57

瘦成小 V 脸 …………………………… 60

眉毛，脸型的点金石 ………………… 63

对付黑眼圈的秘籍 …………………… 66

满脸油光的应对方案 ………………… 68

第三章
活力健身房

瞧，那是马甲线！	72
滚蛋吧，蝴蝶袖	74
让大象腿变瘦的方法	76
无深蹲不翘臀	79
我为跑步代言	82
适合女生的运动项目	85
在瑜伽世界中找到最美的自己	88
减肥是减重吗	91

第一章 草莓的梦幻爱乐

改善水肿体质

现如今的女孩子十有八九都嚷着减肥,而十有八九都是一点儿都不胖,一胖毁所有的概念似乎已成为"女生圣经"。周丹便是这样的一位"恐胖"患者。

一大早,周丹超高分贝的尖叫声唤醒了全家人,"我的神啊!我的脸居然圆得像张饼!

我的胳膊、我的腿,也——粗——了!难道我又胖了吗?"

"饼?我吃葱油味的……"弟弟睡眼惺忪地应了一句。

"吃你个头!"周丹狠狠地应道,继而再次端详着镜中的自己,"我要绝食!在我还没胖成猪头的时候!"

妈妈闻声走到周丹的身边,"你这细胳膊细腿的,居然还说什么减肥?绝食?你是不是脑子进水啦?"

"你没瞧见我的胖脸吗?我都有双下巴了。"周丹委屈地指了指自己的下巴。

妈妈用手捏了捏周丹的脸蛋,笑道,"你昨晚是不是睡前喝了很多的水?"

"是啊。"

"那就对了,你这是水肿体质,加之睡前猛喝水,一觉醒来自然变成一张大饼脸。"妈妈给出了"诊断结果"。

"对对对……我就是特别容易水肿,我还纳闷呢,怎么一夜之间就胖了呢?吓死宝宝了。"周丹长长地舒了一口气。

"所以让你平时注意饮食,少吃那些含盐分高的零食,盐分不只是单指食用盐或吃起来咸的东西,其实是泛指所有的酱料、腌制物或含钠量高的饮料,这些高钠高盐的饮食,像泡面、话梅等,都会造成水分滞留不易排出,使你的身体呈现水肿状态,更会影响你的健康。"妈妈说道。

"原来如此啊,以后你让我吃什么我就吃什么,你让我不吃什么,我就绝对不吃什么!"周丹向妈妈保证道,"最后容我弱弱地问一句,你有办法改善我的水肿体质吗?"

"那是自然!"妈妈肯定地答道。

"我的大饼脸有救啰!"周丹方才还满是雾霾的脸蛋立马变成了艳阳天。

敲黑板 划重点

有些人觉得容易水肿就不爱喝水,反而会因为水分不足,无法进行新陈代谢,造成盐分滞留在体内,让水肿的现象更严重。其实多喝水、多上厕所才能真的帮助体内排水,除了肾脏功能不好的人以外,我们应该尽量多喝水,一天至少要补充2000毫升以上的水分,生理系统才能正常运作、维持平衡。

担心水肿的人,应该注意的是喝水的时间,喝水的时间最好集中在白天,每次的喝水量约200毫升,在睡前的两小时,避免补充过量水分,才不会加剧夜间水肿情况。

改善水肿体质的食谱

冬瓜蛤蜊发菜汤

原料:带皮冬瓜150克,蛤蜊80克,发菜50克

做法:

1. 冬瓜连皮切块;蛤蜊放水吐沙备用。

2. 发菜浸泡水中半小时,洗去杂质。

3. 水煮沸,将上述材料放入锅中,文火煮2小时,加盐调味即可。

营养提示:
冬瓜是很好的利水、祛湿食物,不过要注意盐不要加太多,适量就好。

菜卷柠檬

材料：卷心菜叶50克，胡萝卜100克，柠檬、白糖、盐各少许

做法：

1. 卷心菜轻剥下叶，用刀去粗梗部分，胡萝卜切成细丝，柠檬剥皮，将皮切成丝，分别把菜心和胡萝卜丝下锅焯一下。

2. 然后与柠檬丝一同入盘，加白糖、微量的精盐，再把柠檬汁挤出滴入拌匀。

3. 入冰箱冷藏数小时使入味。

4. 把已入味的卷心菜叶平摊于案板上，放上胡萝卜丝、柠檬丝，卷紧，然后用刀改成数段，逐一垂直放于盆中即可。

营养提示

卷心菜是一种很棒的去水肿食品，含有的热量及脂肪都很低，膳食纤维也很高，卷心菜和柠檬一起搭配，能够促进肠胃的蠕动，快速排出身体多余的垃圾和盐分，起到去水肿、瘦身的效果。

酸爽的瘦身汤

妮子属于微胖界人士，原本对减肥毫无概念的她，自从加入了班里的"瘦身姐妹团"，便开始对各式各样的减肥秘方走火入魔起来。话说这个"瘦身姐妹团"呀，是由班花潇潇、美容达人玲子创办的秘密小团体，旨在帮助班里的女生们变得更瘦更美，两位神仙姐姐经常会有最新、最独特的美容瘦身知识传授给大家。尽管这些知识不见得百分百有效，但女生们还是对两人信任满满。

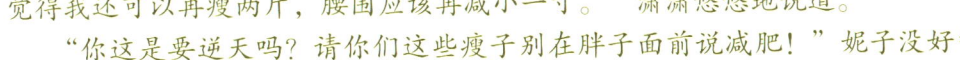

这天，潇潇穿着一条剪裁合体的连衣裙，那纤瘦的身段简直了！"我觉得我还可以再瘦两斤，腰围应该再减小一寸。"潇潇悠悠地说道。

"你这是要逆天吗？请你们这些瘦子别在胖子面前说减肥！"妮子没好气地回了一句。

潇潇扑哧地笑出声来，然后亲热地搂了搂妮子的胳膊，抱歉地说道："对不起啦，其实你只算是微胖，只要注意管住嘴，迈开腿，自然能瘦成一道闪电。"

妮子耸耸肩，"瘦身闪电？我也没这么大的奢求啦，只要在健康范畴里变瘦就行了，可我是属熊的，平时就喜欢宅着，特讨厌锻炼。有什么方法能让我坐着就能变瘦？"

"吃空气。"不知从何处飘来的玲子加入了两人的对话。

"哈哈……"潇潇被玲子的冷笑话逗得前俯后仰，妮子给了玲子一个白眼，便回到了自己的座位上……

放学回家后，妮子直奔厨房，她要亲手制作"七日瘦身汤"，据潇潇说，很多女明星就是喝着这碗神奇的汤瘦下来的。为了走出微胖界，妮子这次是下定决心以汤代替食物了，比起吃空气，这道瘦身汤应该更靠谱些。

于是，妮子把家里能找出来的蔬菜都切到了锅里，熬呀熬，终于熬出了一碗色泽怪异、味道感人的瘦身汤。只见她捏住鼻子，愣是把汤一饮而尽了，那酸爽就甭提了。

接下来的几日，妮子果真以顽强的毅力坚持喝着瘦身汤，日日以汤果腹，体重迅速下降，可付出代价却是惨烈的——在喝汤的第四日下午，妮子晕倒在了课堂上……

敲黑板 划重点

很多的快速减肥法都是不太科学的,有快速反弹的副作用,七日瘦身汤也不例外,一旦停止服用开始大吃大喝,人体就会快速吸收脂肪,让你比减肥之前更胖,所以一定要适当调整一下自己的饮食结构,以防迅速反弹。

七日瘦身汤虽然减肥迅速,但对于想减肥的女生们来说,运动与合理的饮食结构是非常重要的,日常控制自己的食欲,吃饱了就不要再继续进食,长此以往下去一定能有一个好身材。

健康减肥的瘦身汤食谱

七日瘦身汤并不适合正处于生长发育期的女生们,怎么才能既饱了口福,又能达到健康瘦身的目的呢?以下两道营养瘦身汤不妨一试吧!

养颜瘦身汤

原料:豆腐2块,瘦肉75克,海带75克,鲜香菇8朵,枸杞1大匙,生姜片2片

做法:

1. 生姜片切丝、豆腐切块。

2. 瘦肉切片,再用沸水汆烫备用。

3. 将500毫升的水注入锅中煮开后,放入豆腐、枸杞、香菇、姜丝同煮,用大火煮5分钟后,再转小火续煮10分钟。

4. 放入瘦肉片,转大火煮开后熄火,盖上锅盖焖2分钟即可。

营养提示:

豆腐,是非常有效的减肥食物,因豆腐中含有优质蛋白,又低脂、低碳水化合物,因而可以有效地帮助人们控制体重。

彩虹瘦身汤

原料：排骨300克，有机芹菜2棵，急冻有机粟米粒1碗，胡萝卜半根，梨1个，洋葱半个，番茄1个，蜜枣1粒，姜1片，盐1茶匙

做法：

1. 烧滚一锅水，下姜片，先将排骨汆水备用。

2. 粟米粒洗净，梨及番茄洗净切粒备用。

3. 芹菜、洋葱及胡萝卜切粒备用。

4. 烧滚半锅水，放入粟米粒、胡萝卜、洋葱、排骨、蜜枣大火煮滚后，再以小火煮1小时，然后加入有机芹菜及梨煮5分钟，加盐调味即可。

营养提示：

加热过的梨汁具加速排出体内毒素的功效，洋葱则能杀菌和增强抵抗力。每日饮1～2碗，饮汤吃汤料代替一餐，对保持肠道健康和排毒瘦身很有帮助。

疼痛袭来的"受难日"

每月总有那么几天是潇潇的"受难日",因为每到经期,她就都会痛经,那种疼痛感让她叫苦不迭,拿她自己的话来形容"痛经到来时,疼痛感会从肚子蔓延到整条脊柱,直至全身"。有时候太疼了,潇潇只能吃止疼片来缓解,可药劲一过,肚子还是痛得厉害。

这天傍晚,潇潇一个人蜷缩在沙发里,额头上不住地冒着冷汗。显而易见,这又是痛经来袭了。

此刻家里只有潇潇自己,爸爸妈妈还没有下班,孤独、无助和疼痛让潇潇忍不住大哭起来,"呜呜……这会儿我要是疼晕过去的话,也不会有人知道吧……我怎么这么可怜啊……呜呜……我被全世界遗弃了吗?"

"哟,我的公主,你这是怎么了?我在门外都听到你的哭声了。"妈妈回来了,谢天谢地,妈妈终于回来了。

"我的受难日又到了……呜呜……好痛、非常痛、十万分痛……可家里又没有人,刚才就像世界末日一样。"潇潇撇着嘴,向妈妈哭诉着自己的委屈。

妈妈来到沙发边,搂着潇潇,柔声安慰道:"不哭,不哭了,我待会就去给你冲杯红糖水,喝点暖的,应该可以稍微缓解一下痛经。"

"可过一会儿会继续疼的,你还是给我拿一片止疼药吧。"

"我今天特地去咨询了妇科方面的老中医,人家说青春期痛经多是由于寒凝、气滞、血瘀造成,你体质这么瘦弱,平时又喜欢吃生冷的东西,因此就引起了痛经。此外,医生特别嘱咐,切忌借助止痛药暂时缓解痛经,止痛药不但对痛经根治毫无作用,还会对原本娇弱的身体造成伤害!"妈妈的这一大段话非常有道理,潇潇不住地点头称是。

"你平时要适当调整生活方式,注意经期卫生,在经前期及经期少吃生冷和辛辣等刺激性强的食物。消除对月经的紧张、恐惧心理,保持心情愉快,并注意休息,在痛经时期多喝红糖姜汤水,别小看了这一杯红糖水,它可以促进经血排出,缓解痛经。"妈妈的口吻像极了老中医,潇潇听罢便打趣道:"亲爱的大夫,您的医嘱我已经牢记于心啦,现在麻烦您去给我冲杯红糖水吧,顺便给我煲一锅爱心营养汤,可好?"

妈妈笑着用手刮了下潇潇的鼻子,"瞧你这小贪嘴……公主殿下,你不怕发胖啦?确定要喝营养汤?"

"在健康面前,我选择放弃苗条。"潇潇颇为"悲壮"地说道。

敲黑板 划重点

中医认为痛经是由于经络不畅、气血两失、气滞血瘀引起的，女孩月经期间需要多注意保暖，更应避免一切生冷及不易消化和刺激性食物即可得到缓解。

缓解痛经最简单的办法就是冲泡红糖水来喝，此外，在月经前夕就应开始喝，直到月经周期结束，还应经常食用些具有理气活血作用的食物，如荠菜、洋兰根、香菜、胡萝卜、橘子、佛手、生姜等。

缓解痛经的营养食疗

红糖姜枣茶

原料：红糖100克，大红枣6粒，老姜一块

做法：

1. 将姜切丝，红枣切条。

2. 红枣连核和红糖，姜一起放入锅中，加三碗水（碗平时吃饭大小），中火，将水收至差不多一半时关火。

3. 过滤掉里面的渣，倒入杯中即可。

营养提示：

红糖几乎保留了蔗汁中的全部成分，除了具备糖的功能外，还含有维生素和微量元素，如铁、锌、锰、铬等，营养成分比白砂糖高很多。具有益气补血、健脾暖胃、缓中止痛、活血化瘀的作用。

益母草鸡肉汤

原料：益母草100克，鸡肉250克，香附100克，大葱15克，盐5克

做法：

1. 把鲜益母草用温水泡，清水洗净；葱白洗净，用刀拍烂；香附用水洗净。

2. 将鸡肉用水洗净，切成小块。

3. 把益母草、葱白、香附和鸡肉一同放入煮锅内，加入少许清水煮1～2小时。

4. 放入精盐调味，即可食用。

营养提示：

益母草含有硒、锰等多种微量元素，能去淤生新、活血调经，对生理期痛经有很好的调理功效。

林荫道上的两个少女

大清早,校园的林荫道上出现了一个快活少女,此人便是潇潇,只见她摇头晃脑地哼着小曲,迈着小碎步,完全一副放飞自我的模样。

周丹紧跟其后,禁不住叫住了潇潇:"你这是唱的哪出?昨天还一副要死不活的样子,今天却像打了鸡血。我胆子小,别吓我啊。"

潇潇捋了捋头发,甜笑道:"我已经成功挺过受难日了,心情赞爆了,月经过后,风和日丽,一切都如此美好。"

"哦,我还以为你神经短路了呢。不就送走了'大姨妈'吗?至于这么神经兮兮的?"

周丹被潇潇这番前言不搭后语的感言弄得哭笑不得。

周丹不冷不热的语气倒是让人很是意外,平时她可是暖女一枚啊,今天怎么说话阴阳怪气的?

"我是有点兴奋过头了,可你却是吃了枪药啦?大清早来找人吵架的?"潇潇颇为无辜地眨了眨大眼睛。

"别朝我抛媚眼,我烦着呢!"

"烦什么?"

"烦你刚送走的那个'大姨妈'?"

"啊!"潇潇夸张地叫了一声。

周丹赶忙朝她做了一个"闭嘴"手势,然后压低声音说道:"我这两个月的经期都是不正常的,月经量也很少,心情会莫名其妙的烦躁,脸上还冒出了好多痘痘。"

周丹话闭,潇潇便做出了一个"原来如此"的表情,但她也不知道怎么安慰朋友,只好继续闭嘴。

"之前我好讨厌这个'大姨妈',觉得每月的这几天经期简直就是受罪,可现如今,我却开始担心这个'大姨妈'了。"周丹絮絮叨叨地诉说着自己的烦心事,"经期不正常会对健康造成危害的吧?我是不是得了什么怪病?我简直烦透了……"

潇潇轻拍周丹的肩膀,说"我们女生太可怜了,我昨天被痛经折磨,你却因为经期不调而忧心忡忡。"

潇潇这番窝心的安慰,让周丹很是感动,她真诚地对潇潇说道:"谢谢你能忍受我刚才的怪脾气,谢谢你倾听我的烦恼。能给我一个爱的抱抱吗?"

"当然！"潇潇搂住周丹，然后在她耳边说道："月经不调估计和你减肥有关，你最近不是节食吗？听我妈说，营养摄入不够的话，经期也会不正常呢。为了健康，咱们还是让减肥大计缓一缓吧？放学后，来我家一起喝我妈妈煲的营养爱心汤吧？"

"听你的！"周丹点头称是。

校园林荫道上的一幕温情剧暂时告一段落了，但接下来还会发生什么有趣的事情呢？未完待续……

敲黑板 划重点

女生生理期不调，可以靠饮食来调理。

经期提前的人，应少吃辛香料，少吃肉，少吃葱、洋葱、青椒，多吃青菜，吃饭前要按摩耳朵祛除疲劳，内心不要有不安和紧张。

若经期总是推迟，宜少吃冷食多吃肉。经期第一、二天最好吃姜炒鸡肝或猪肝，多服用补血的食品。

所谓"提前""推迟"是依据个人生理周期来算，不管是28天周期或30天周期，早来7天以上或晚来7天以上，就是生理期不调，表示身体与精神都可能有了不平衡的现象。

治疗月经不调的调理食谱

雀儿药粥

原料：粳米60克，麻雀300克，菟丝子45克，覆盆子（干）20克，枸杞子15克，盐2克，大葱5克，姜5克

做法：

1. 把菟丝子、覆盆子、枸杞子一同放入砂锅内煎取药汁，去掉药渣。
2. 将麻雀去毛及肠杂，洗净，用酒炒。
3. 葱切段、姜切片。
4. 麻雀与粳米、药汁加水适量一并煮粥。
5. 将熟时，放入细盐、葱段、姜片，煮稀后即可食用。

营养提示：

麻雀肉含有蛋白质、脂肪、胆固醇、碳水化合物及钙、锌、磷、铁等多种营养成分，还含有维生素B1、B2，能补充人体的营养所需。特别适合经期不调、经期紊乱的少女食用。

山药栗子猪肚煲

原料：鲜山药500克，栗子50克，猪肚1个，生姜、料酒、盐适量

做法：

1. 鲜山药去皮，洗净，切块待用。

2. 栗子去皮洗净待用。

3. 猪肚用面粉或精盐、促反复搓洗数遍后，用水洗净切块，加姜、料酒、清水适量，煲至八成熟后，加山药、栗子煲熟后加适量精盐即可。

营养提示：

栗子味甘性温，入脾、胃、肾经，能养胃健脾补肾止血。猪肚味甘性温，入脾、胃经，为血肉有情之品，健脾胃，补虚损，是治疗气血不调、经期紊乱的营养佳品。

想灭痘，先灭火

周末的清晨，玲子被一阵阵急促的手机铃声惊醒，"喂……"玲子半梦半醒地接通电话。

"救命啊……"手机那端传来呼救声。

玲子的瞌睡虫被彻底赶跑了，她这才看清来电人是雨彤，"怎么啦？慢慢说……"玲子坐直身子说道。

"亲爱的，我该怎么办？一觉醒来，我的鼻子和下巴长了好几颗青春美丽痘。快救救我吧！"原来是这样内容的"呼救"啊，这完全可以算是恶作剧了！

此刻，玲子真是又好气又好笑，可又不能对着手机发火啊，她只能深呼吸一下，继续好脾气地说道："你来我家吧，我们面对面谈论治痘的办法吧。"

"我秒到！"

大约过了二十分钟，雨彤敲开了玲子家的大门。

一进门，雨彤便给了玲子一个大大的拥抱，"亲爱的，快来救救我吧。"

"你先放开我再说，好不好？"玲子挣脱了玲子的怀抱，"下回再有这样的事情，请先看看几点钟，然后别用救命做开场白，你会活活吓死人的，知道吗？"

面对玲子的控诉，雨彤不好意思地笑了，"人家不是着急嘛，对不起，对不起……你快看看我的脸吧。"

雨彤指着自己的脸上的痘，都快哭了。嘿，这青春美丽痘布满了雨彤的鼻子周边和下巴，的确有点惨不忍睹。

"你最近乱吃什么啦？"根据玲子的初步判断，这痘绝对是饮食不当造成的。

"也没吃什么啊，就是前天吃了烧烤，昨天吃了半个榴莲，昨晚看韩剧的时候，报销了两包薯片。"

"我的天，这还没吃什么啊。你吃了这么多上火的东西，脸成这样，只能说是活该！"

玲子禁不住提高了音量，"要想把痘痘治好，首先，你必须得调整饮食习惯，把上火的食物全部拉黑，要想美，先管嘴！"

"嗯嗯，你继续！"雨彤乖乖地站着受训。

"想灭痘，先灭火。多喝水，多喝汤，吃些清淡的食物，把肠胃调理好了，脸上的痘痘自然就消失了。另外，一定别用手抠痘痘。切忌！"

"遵命！"雨彤再次给了玲子一个大大的拥抱。

玲子无奈地笑了笑，她只想尽快回到被窝里继续睡个美容觉啊。

敲黑板 划重点

中医学认为：脸上长青春痘，多与饮食不节，过食辛辣及肥甘厚味有关。

动物性脂肪以及加工品、奶油、油炸食物会促进皮脂腺旺盛地分泌皮脂，促进痤疮恶化。香、辣、刺激的调味品及咖啡、可可、酒类也有促进微血管扩张的作用。另外，甜食也是诱发痤疮的重要因素，如蛋糕、冰淇淋、果汁、香蕉、饼干等，应尽量少吃。

平时应多喝水，多吃清凉食物，清热解毒的食物有：瘦猪肉、蘑菇、银耳、黑木耳、芹菜、苦瓜、黄瓜、冬瓜、茭白、绿豆芽、黄豆、豆腐、莲藕、西瓜、梨等。

治疗青春痘的美容食谱

枸杞消炎粥

原料：枸杞子30克，白鸽肉、粳米各100克，细盐、味精、香油适量

做法：

1. 洗净白鸽肉，剁成肉泥。

2. 洗净的枸杞子和粳米，放入砂锅中，加鸽肉泥及适量水，文火煨粥，粥成时加入细盐、味精、香油，拌匀。每日1剂，分2次食用，5~8剂为1个疗程。

营养提示：

此粥具有排毒、养阴润肤、消痈退肿功效，适用于皮肤有感染、脸生粉刺者。

绿豆薏苡仁防痤汤

原料：绿豆、薏苡仁各25克，山楂10克

做法：

1. 将配料洗净，加水500克，泡30分钟后煮开。

2. 滚几分钟后即停火，不要揭盖，焖15分钟即可，当茶饮。每日3～5次，适用于油性皮肤，有防治青春痘、痤疮的作用。

营养提示：

中医认为绿豆可解百毒，能帮助体内毒物的排泄，促进机体的正常代谢。绿豆还有排毒美肤，抗过敏的功能。比如容易口角长疮、溃烂、易长痘痘、常有过敏现象的人，应多吃绿豆。长期多吃这种现象就会得到改善。

雀斑小妞

舒淇在微博上的一张素颜照引发了女生们的大讨论——

"真女神才敢上传素颜照啊,舒淇没化妆更显年轻。"

"这一卸妆,脸上全是小雀斑,女神的皮肤也没见得好到哪里去啊。卸妆后,明星也是素人。"

"我倒觉得雀斑是舒淇的特点,有种纯真无邪的感觉。超减龄呢!"

"那雀斑也就长在舒淇脸上无违和感,咱们平常人要是也一脸雀斑的话,那就是灾难!"

……

大家七嘴八舌,各抒己见。

"STOP!"周丹做了一个暂停的手势,示意让大伙安静下来,"各位美眉,你们在谈论舒淇女神脸上雀斑的时候,是否能关心下身边这个脸上也长着雀斑的我!"

大家循声望去,目光齐刷刷地射向了周丹的脸庞。

只见周丹的苹果肌和鼻翼处稀稀拉拉地长着几颗小雀斑,如果不是仔细看的话,估计会认为这是周丹的脸没洗干净。

"也就一小点雀斑啦,别着急。"玲子发话了,美容达人的话像是定海神针,周丹长长地舒了口气,急切地追问着:"真的没关系吗?有什么治疗的方法吗?"

"这可是雀斑啊,真能治好吗?"潇潇也为周丹担心呢。

"我可不敢打100%的保票啊,你们这样让我压力好大。"玲子故意做了个擦汗的动作。

"我不求完全祛除雀斑,但起码要淡化啊,或者避免进一步恶化,再高的颜值也经不起这满脸的雀斑。"玲子的回复让周丹又开始着急了。

"雀斑分为先天和后天,你的应该属于后天。"玲子给出了确定地判断,"后天长出的雀斑就比较容易治好,不过,你必须养成良好的生活习惯,平时要多喝水,多吃一些富含维生素A、维生素E的食物。平时应避免过度的日光暴晒,随时做好防晒。切忌随便涂抹那些乱七八糟祛斑霜!"

"好的!从明天起我就戴着墨镜、口罩出门!"周丹坚定地宣布道。

"哈哈……"周丹的话逗笑了众人。

明天大家如果在校园里看见一个口罩怪人可不要围观哦,因为这也是无奈之举啊,女生为了漂亮都会做出常人难以理解的事情,大家多多包涵咯。

敲黑板 划重点

雀斑是一种发生在面部的皮肤损害，呈斑点状，或芝麻状褐色或浅褐色的小斑点。日光的暴晒或紫外线照射过多可促发和加重雀斑。

患雀斑的女生，饮食上应经常食用富含维生素C、维生素A、维生素E、维生素B2的食物，如香菜、油菜、柿椒、苋菜、芹菜、白萝卜、黄豆、豌豆、鲜枣、芒果、刺梨、杏、牛奶、酸奶及奶油等，少吃不易消化和刺激性强的食物。特别是在夏天要少喝含有色素的饮料，如浓茶、咖啡等可增加皮肤色素沉着食品。

治疗雀斑的美容食谱

去斑美肤汁

原料：西红柿一个，红萝卜50克，苹果半个，雪梨半个，柠檬四分之一个

做法：

把原料放入搅果汁机中搅汁，一次饮完，每周坚持喝3~5次即可。

营养提示：

西红柿对防治雀斑有较好的作用。因为西红柿中含有丰富的谷胱甘肽，谷胱甘肽可抑制酪氨酸酶的活性，从而使沉着的色素减退或消失。

白鸭消斑汤
原料：白鸭1只，山药200克，生地100克，枸杞子30克，调料适量
做法：

1. 将白鸭去毛杂骨，洗净，用食盐、胡椒粉、黄酒涂抹鸭体内外，撒上葱姜腌1小时左右后切丁备用。

2. 山药切片，生地布包，置碗底。

3. 放入山药、枸杞、鸭丁，上笼蒸熟服食。

营养提示：
雀斑为常染色体显性遗传疾病，在一家数代中可连续地在同样部位发生相同式样的雀斑，中医认为雀斑是因为外感风邪、风火相结而发病。因此，食用此汤有补益肝肾、养阴消斑的功效。

得不偿失的"骨感美"

自古环肥燕瘦，各有各的美，可到了现如今，大众的审美观似乎全都以瘦为美，"一胖毁所有"成了诸多女生的座右铭。最可怕的是，明明已经很瘦的女生却整天嚷嚷着减肥，而减肥的方法往往极不科学，减着减着就减出了毛病。潇潇便是一个很典型的例子。

潇潇身高160厘米，体重90斤，这本是极为标准的体重了，可她却嘟囔着自己"偏胖"，仍然有减肥的空间。我的上帝啊，这小身板要是再瘦下去的话，不就变成一副骨架了吗？但人家却振振有词地说："现在就流行骨感美，病态美！"

这不，潇潇终于瘦到了80斤，同时也因为节食而导致营养不良住院了，医生诊断她还患有轻微的厌食症。拿健康来交换所谓的"骨感美"，那便是得不偿失。

医生给潇潇下的医嘱——好好吃饭，尽可能把体重增加到95斤。晕，这画风也变得太快了吧？

为了让潇潇尽快恢复健康，潇潇妈妈可是费尽心思地给潇潇弄美食，可增肥也不是一件简单的事情。潇潇根本咽不下妈妈带来的可口饭菜，她只要一闻到那些油腻的气味就会反胃、想吐。这可怎么办？眼看着如花似玉的女儿日渐消瘦，这当妈的心都要操碎了。

其实，潇潇现阶段的身体状况是不适合进行大补的，因为身材消瘦的人大多肠胃功能较弱，一餐吃得太多往往不能有效吸收，反而会增加肠胃负担，引起消化不良。可以把每天的进餐次数改为4～5餐。食物以易消化、高蛋白、高热量为原则，用循序渐进的方式逐步提高各种营养物质的摄入，如鸡肉、鱼片、绿色蔬菜、海参、黄油、奶油等。吃想吃的东西，以刺激长久处于萎靡状态的食欲。

除了正规的用餐外，应该适量地吃些零食，平时不妨在伸手可及的地方放一些含有一定热量的零食，如饼干、葡萄干、绿豆糕、肉肠面包、全脂奶粉、巧克力等，想吃就吃。吃时佐以橙子、橘子等水果，或在全脂奶粉里加入果汁，都能辅助身体摄入更多的热量。避免吃刺激性强、易产气、粗纤维太多的食物。

不过，夜间进食不宜过多，否则会增加肠胃负担，要注意控制脂肪的摄取，这样不会增重反而会造成冠心病等疾病，严重影响人体对各种营养物质的吸收利用。

敲黑板 划重点

增肥饮食禁忌

1. 避免吃刺激性强、易产气、粗纤维太多的食物：因为这类食物易令人产生饱腹感而减少食物的摄入量。
2. 夜间进食不宜过多：夜间进食过多会增加肠胃负担，不利于健康和安眠，对于健美身体也无益处。
3. 要注意控制脂肪的摄取：这样肯定不会增重，反而会造成冠心病等疾病。
4. 不挑食，不偏食，不暴饮暴食：不挑食、不偏食才能够保证营养的全面摄入，暴饮暴食会对消化吸收造成影响，使其不能更好地将食物进行消化和吸收。
5. 少吃油炸、煎、烤的食物和过于黏、甜腻的食物：这类食物都不易消化和吸收。

健康增肥的营养食谱

清汤猪皮

原料：350克猪皮，姜片、葱段、大料、花椒、精盐适量

做法：

1. 猪皮洗净，切成方片，入沸水锅里氽一下，捞出洗净，再放入净锅里，清水注入，加姜片、葱段、花椒、大料，用旺火烧沸，浮沫撇去，改用小火煮大概1小时，等到猪皮烂熟的时候，捞出，控水备用。

2. 木耳去根，洗净，撕成碎片，洗净鲜蔬菜，切成小段。

3. 用净锅，注入清水，倒入猪皮、木耳、蔬菜，葱姜丝、精盐加入，用旺火烧开，浮沫撇去，用小火煮一会，加味精、滴入香油就可以了。

营养提示：

　　猪皮是一种蛋白质含量很高的肉制品原料，对人的皮肤、筋腱、骨骼、毛发都有重要的生理保健作用。猪皮里蛋白质含量是猪肉的2.5倍，而脂肪含量却只有猪肉的二分之一。

　　此汤肉皮烂，味料全，汤清鲜。消瘦的人吃这道菜能有效增肥丰肌。

番茄鲜蘑

原料：500克鲜蘑，番茄酱罐头（大概120克），料酒、精盐、味精、白糖、香油适量

做法：

1. 鲜蘑去根，去杂，洗净，下沸水锅里焯一下，捞出用冷水冲凉，挤净水。

2. 炒锅烧热，放入香油与番茄酱煸炒到浓稠，将蘑菇下入锅内，加入精盐、味精、料酒、白糖，如汤汁较稠时，可加清水少量；用大火烧开，接着改用小火烧至茄汁裹覆在鲜蘑上加香油就可以了。

营养提示：

此菜补中兼清，不燥不滞，有利进食。常吃可健美，形体瘦弱的人可将其当作辅助保健菜肴。

减肥二人组

潇潇的减肥事件之后,班里的女生开始崇尚健康美了,大家不再为食物的卡路里犯愁,不再为飙升的体重而忧心忡忡。一时间,大家竟然把减肥这件事全都抛之脑后。

但重点来了,所谓的健康美,简言而之便是不胖也不瘦哦,那些已经很胖的人士还是管住嘴比较好。

这天放学后,蜜儿扬起手中的KFC优惠券,呼朋唤友道:"姐妹们,向KFC出发吧,吃饱了才有力气减肥!"

蜜儿的话引发了班里男生们的一阵嘘声,更有个别男生毒舌道:"拜托,都胖成这样了,还好意思去吃KFC?还敢从嘴里说出减肥二字?心可真大!"

蜜儿对于这样的吐槽早已免疫,她继续吆喝着:"谁同去KFC?"

此时,妮子拉了拉蜜儿的衣角,示意她暂停吆喝。

"你去啊?"蜜儿满眼放光地望着眼前这位"同道中人","我有老北京鸡肉卷买一送一券,只需花一份钱!"

妮子摇摇头,"我可不去吃那些垃圾食品,我早就和KFC、麦当劳叔叔决裂了。"

蜜儿满脸问号,"那你拉我衣角干吗?"

妮子尴尬地笑了笑,轻声解释道:"我只是想告诉你,如果你能戒掉这些垃圾食品,你很快就会瘦下来,这曾经是胖子的我给你的善意忠告。"

蜜儿没出声,她只是望了望妮子,又望了望那群嘲笑她的男生。

"肥胖不但不美,而且还影响健康,如果你愿意,我可以和你一起组成减肥二人组,咱俩互相监督,互相鼓励。"妮子真诚地说道。

蜜儿默默地点了点头,"谢谢你……"

"甭客气,这减肥最重要的便是管住嘴,三分练,七分吃,良好的饮食习惯才是减肥成功的最重要一步!"

"嗯!"蜜儿边点头,边撕碎了KFC优惠券,以此表达自己的决心。

妮子拉住蜜儿的小胖手,"那从此刻起,减肥二人组正式成立啦!"

"为了庆祝减肥二人组的成立,我们去必胜客撮一顿吧?"蜜儿故意打趣道。

"不行!"妮子做了个打叉的手势,"我们的晚饭是健康的蔬菜加一小碗稀粥。"

"我晕,刚开始就这么'惨烈',尽管如此,我也要坚持下去!"蜜儿信誓旦旦地保证道。那么,减肥二人组的瘦身成果如何,就让我们拭目以待吧。

敲黑板 划重点

饮食减肥法是一种通过改善饮食饮水来控制体重从而减肥的方法,相比市面上流通的种种减肥药及节食减肥法,饮食减肥法无疑是一种健康有效的减肥方法。

饮食营养干预是预防肥胖、减肥瘦身的基础,减重膳食构成的基本原则应是:低能量、低脂肪、适量优质蛋白质、含复杂碳水化合物;纤系等减脂植物的合理搭配,增加新鲜蔬菜和水果在膳食中的比重。合理的减重膳食应在膳食营养素平衡的基础上减少控制每日摄入的总能量;使用减肥纤系等食品,既可以满足人体对营养素的需要,又要使能量的摄入低于机体的能量消耗,让身体中的一部分脂肪氧化以供机体能量消耗所需。

健康的减肥食谱

小米桂圆瘦身粥

原料: 小米100克,干桂圆肉50克,枸杞3克,白糖适量,清水1200毫升

做法:

1. 锅里倒水、大火烧开。

2. 小米淘洗干净。

3. 枸杞用温水泡开。

4. 桂圆干去壳去核取肉。

5. 水开、下入小米、改小火煲约25分钟,期间用木铲子搅拌、防止沉底粘锅。

6. 加入桂圆肉、枸杞,继续煲10分钟即可出锅食用。

营养提示:

小米富含丰富的维生素B1、维生素B2、蛋白质,桂圆可以补充蛋白质和维生素,活血养颜,有助于减肥瘦身。小米是顶呱呱的脑护士,在小米粥里加入桂圆可以补血养心。

银芽炒韭菜

原料：绿豆芽400克，韭菜75克，虾皮5克，植物油40克，醋10克，精盐适量，味精、糖少许

做法：

1. 将韭菜择洗干净，切成3厘米长的段。绿豆芽去根，洗净。虾皮洗净，备用。

2. 炒锅上火，注入植物油烧热，放入虾皮爆香，加入韭菜段、豆芽菜翻炒几下，烹入醋，加入精盐、味精、糖，快速炒至熟即成。

营养提示：

韭菜营养丰富，含纤维素多，含脂肪少，能降压减肥。虾皮富含钙质，是高蛋白、低脂肪食品。两种原料与绿豆芽相配成菜，有很好的减肥瘦身作用。

三千烦恼丝的问题

由于潇潇健康的原因,瘦身姐妹团已经有些日子没聚会了,虽说大家平时都在学校碰面,但私下里说话的机会并不多,大伙就盼着有重聚的那一天。终于盼来了!潇潇大病初愈,光荣归队,她第一时间召集了瘦身姐妹团的各位成员。

聚会的地点定在了奶茶店,刚入座,周丹便开始煽起情来,"我的潇,我好担心你啊,欢迎你的归来!"语毕,双手比心。

"我也爱你!"潇潇感动地回应道。

玲子夸张地打了个冷战,"鸡皮疙瘩掉了一地了。"

"我去拿扫把扫一扫!"周丹俏皮地向玲子吐了吐舌头。

玲子无奈地摇了摇头,一副被周丹"打败"的模样,"咱们的潇几日不见越发楚楚可人了,不过,你怎么把头发剪短了?"

周丹这才注意到潇潇已经把之前的长发剪成了波波头,"嘿,这个发型好适合你啊,显得特斯文、特有气质。"

谁知潇潇叹了口气,悠悠地说道:"为了这剪短的头发,我难过了好几天呢。如果不是这回生病,我是死都不会剪发的。生病期间,我的头发掉了好多,这改变发型实在是痛苦的抉择啊……"

"营养不良肯定会掉发的,所以啊,咱们再也不能靠节食来减肥了,这绝对是最愚蠢的做法。"玲子总结道,"潇潇,从现在起,你要注意营养调理,头发的主要成分是胶原蛋白,平时饮食就得多补充优质蛋白质,B族维生素及维生素C和钙,还要保持愉快心情,少吃辛辣刺激性食物和油脂过高的食物,保证充足的睡眠。"

"嗯嗯。"潇潇点头称是。

在一旁的周丹也忍不住发问了,"最近,我的头发特别容易油,这又是什么原因呢?"

"你是不是每天放学后都光顾学校后门的麻辣烫?"玲子有点答非所问。

"你是怎么知道的?"周丹吃惊地瞪大眼睛。

"你那油腻腻的秀发泄露了你的行踪呗。"

玲子仿佛福尔摩斯上身,"那些麻辣烫不但会让你的发质变油,还会让你满脸长痘,更可怕的是,它们的卡路里绝对让你大跌眼镜。"

"我的天!这万恶的麻辣烫,我要和它决裂!一刀两断!"周丹后悔莫及,此刻的她就差发毒誓了。

"哈哈……"潇潇被周丹的模样逗乐了,"能和你俩这样聊天便是最快乐的事情,我们谁都不要生病了,都要健健康康的,都要漂漂亮亮的!"

"当然!"

"那是必须的!"

说着说着,三人腻腻歪歪地抱在了一起……

敲黑板 划重点

头发的生长与脱落、润泽与枯槁都与饮食有关。

美发的根本之道,平时饮食尤要注意:食入足量的含丰富蛋白质的食物,如牛奶、鸡蛋、瘦肉、鱼类等,因为蛋白质是头发的生长要素;食入维生素含量高的蔬菜水果,如菠菜、芹菜、苹果、枇杷等,因为维生素可促进头发生长、使头发光泽自然;食入含锌食物,如动物肝脏、干果食品,因为锌可改善头发组织,增强头发弹性和光泽。

在注意摄入以上营养物质的同时,选一些药膳食疗方法,可达到事半功倍的疗效。中医认为,头发的生长与人体血气与神经的盛衰有关,选用一些补血、温肾、滋阴的中药,与食物配合制成药膳,可以促进头发生长,防止脱发。

养发护发的营养食谱

美发养血果脯

原料:干品龙眼肉50克,小红枣30克,桑葚子30克,枸杞子30克,蜂蜜适量

做法:

1. 加水适量,用小火煎煮30分钟。

2. 放入蜂蜜,煮至汁液黏稠即可。每天大约吃10克。

营养提示:

桑葚子含有丰富的活性蛋白、维生素、氨基酸、胡萝卜素、矿物质等成分,营养是苹果的5～6倍,是葡萄的4倍,具有多种功效,被医学界誉为"21世纪的最佳保健果品"。常吃桑葚能显著提高人体免疫力,具有美容养颜、养发护发的功效。

仙人粥

原料：何首乌 30～60 克，红枣 5 枚，红糖 10 克，粳米 60 克

做法：

1. 先把何首乌放入小砂锅内，煎取汁液。

2. 何首乌去渣后放入淘洗干净的粳米和红枣，加水适量煮粥。

3. 粥熟后加入红糖即成。

营养提示：

何首乌中所含的卵磷脂是脑组织、血细胞和其他细胞膜的组成物质，经常食用何首乌，对神经衰弱、白发、脱发等病症有治疗作用。此粥有养血益肝、因精补肾、乌须发的功效，适用于头发早白和头发枯黄的人。

一个人失眠，全世界失眠

望着镜中那个眼袋都快掉到下巴的自己，雨形又开始哼唱起那句歌词："一个人失眠全世界失眠，无辜的街灯，守候明天……"

是的，雨形最近正饱受失眠的困扰，睡不着觉是件极其痛苦的事情，每晚都会在床上辗转反侧，尽管困得要死，可就是毫无睡意。

而我们的雨形同学也深刻领悟了歌词中的含义"一个人失眠，全世界失眠"，她一个人睡不着，自然希望找人说说话，解解闷。可这就苦了那些无辜的、被动陪她失眠的人了。

第一个"受害者"是善解人意的潇潇，雨形一般会在晚上11点左右准时邀请潇潇微信视频，起初潇潇会好脾气地陪着雨形说说话，可接下来的几天，潇潇也变成了黑眼圈"大熊猫"，雨形这才对潇潇停止了"骚扰"。

第二个"受害者"便是美容达人兼闺蜜玲子同学，雨形只要一失眠，便会立刻拨通玲子的电话，可怜的玲子是多么重视美容觉啊，但苦于姐妹情，只能熬夜陪伴了。

但忍耐总是有限度的，这天深夜，玲子被雨形的"午夜凶铃"从睡梦中惊醒，而深更半夜打来的这通电话，居然没有任何主题，只是不停地询问玲子："你睡着了吗？你真的睡着了吗？"

此刻就算是观世音菩萨也会发火吧！"我早就睡着了！你一个人失眠，难道以为全世界都在失眠吗？我知道失眠很痛苦，你总不至于拉着我和你一块儿痛苦吧？"

"哦，亲爱的，对不起，对不起，你继续睡吧……"

"我的瞌睡虫全部被你赶走了，趁此机会，咱们来聊聊你的失眠原因吧。"既然已经被吵醒了，玲子也就只能当回好心的"菩萨"。

"也没有什么具体的原因，就是每晚睡前会特别焦虑，接着就兴奋，然后就再也没有睡意了。尽管非常疲惫，但就是睡不着。"

"从明晚开始，你睡前首先要做的事情是关掉手机，然后喝一杯热牛奶，接着好好上床躺着，什么也不想，什么也不做。另外，吃点安神的食物，在饮食方面着手，把睡眠重新找回来。"玲子在电话里开出了"药方"。

"明天起，我就按你说的试试看。"挂掉玲子的电话，雨形不由自主地摸了摸自己的脸，叹了口气道，"缺觉的我都憔悴成什么模样了，哎……"

窗外的天空已翻起了鱼肚白，又度过了一个不眠夜……

敲黑板 划重点

睡眠是维持生命的极其重要的生理功能，就像水、食物一样对于人和人都是必不可少的，长时间的失眠对人体健康的损害极大。

失眠在饮食上的调理，首先要平衡膳食，保证营养素的供给，可选择低脂、易消化、含蛋白质比较丰富的食物，如鱼类、鸡肉、瘦肉、碳水化合物（粮谷类）要适量，具有发挥镇静安神作用，对失眠有益。如果学习到很晚，需要吃夜宵时，更应该注意选择清淡、多水分和易消化的食物。

养成良好的饮食习惯。少吃或不吃不利于睡眠的食物，要少吃或不吃煎炸、熏烤、油腻的食物，不吃辛辣、刺激性的食物。

调理失眠的营养食谱

龙眼肉煲猪心汤

原料：桂圆肉40克，猪心500克，姜5克，盐适量

做法：

1. 先将猪心剖开，别去脂肪筋膜。

2. 把龙眼肉（桂圆肉）用清水洗净。

3. 生姜去皮，切1片足够。

4. 将猪心、龙眼肉、姜全部放入已经煲滚了的水中。

5. 用慢火煲3小时，加入少许盐调味，即可食用。

营养提示：

龙眼肉健脾开胃，养血补心，宁神益智，特别是对调理睡眠有一定的作用。如果经常心跳不安、汗水多、失眠、夜睡不宁、精神疲乏，可以此汤作食疗。

黄花菜百合排骨汤

原料：百合50克，飞水后的排骨200克，泡发好的木耳和黄花菜各50克，荷兰豆50克，姜丝10克，盐、白胡椒适量

做法：

1. 排骨和木耳、黄花菜、姜丝，加入清水，旺火煮开，转文火煲30分钟。

2. 加入百合、荷兰豆旺火继续煲15分钟。

3. 最后加盐、白胡椒调味。

营养提示：

　　黄花菜是一种多年生草本植物的花蕾，味鲜质嫩，营养丰富，含有丰富的花粉、糖、蛋白质、维生素C、钙、脂肪、胡萝卜素、氨基酸等人体所必需的养分，其所含的胡萝卜素甚至超过西红柿的几倍。黄花菜性味甘凉，有消炎、清热、明目、安神等功效。此汤有润肺、清心、安神、调理失眠之功效。

疲惫的逛街时刻

周末,姐妹团相邀逛街,本来逛街对于女生而言,绝对是件乐此不疲的事情,可今天却奇了怪,还没逛足一个小时,周丹和潇潇便直嚷着太困,要休息。于是,大伙便来到星巴克歇脚,刚坐定,周丹竟趴在桌子上打起盹来。我的天,这是什么情况?

"喂,有这么累吗?真睡着啦?"玲子用手肘推了推周丹。

周丹缓缓地坐起身,然后伸了个大大的懒腰,"累死个人啦!逛什么街啊,还不如在家睡觉呢。"

"嗯嗯……"潇潇也点头认同道。

雨彤瞪大眼睛,故作不悦道:"两位大小姐,过去你俩可是逛三四个小时都不带休息的啊,今天见鬼啦?"

"见瞌睡鬼呗。"玲子道。

周丹双手一摊,无奈地解释道:"我就是感到特别困,浑身没劲,脚都抬不起来。这能怪我吗?"

"怪我咯?早知道就不叫你和潇潇出来了。真扫兴。"雨彤忍不住抱怨起来。

"好人,别生气啦,我只是有一点点累,休息一会儿后,电量马上满格。"潇潇柔声抱歉道。这招美人计倒是十分管用,玲子和雨彤对潇潇的撒娇毫无抵抗力,"我也不是生气啦,你俩这是怎么了?昨晚没睡好?"玲子关心地问道。

"睡得很好啊,但整个人感到很疲惫。可能是天气原因吧。"周丹答道。

"我和你的情况类似,身体特别容易疲惫,走路都像踩在棉花上似的。"潇潇附和道。

玲子瞅了瞅两人,给出了专业意见:"你俩这状态估计就是亚健康状态了,特别是潇潇,你的脸色特惨白,明显的气血不足,周丹的气色也不是很好,嘴唇还有点发乌。"

"真的假的啊?你什么时候学的中医?"周丹对玲子的"望诊"半信半疑。

玲子白了周丹一眼,继续道:"信不信由你,你俩打今天起,就要把饮食管理先放一边,多摄入些蛋白质,多吃肉,别光啃蔬菜!回去让妈妈煲些补气血的汤来喝。营养跟上了,身体自然有劲儿,疲劳自然会一扫光。"

玲子的这番话非常在理,潇潇和周丹头如捣蒜。

"那我是不是也应该补下气血什么的?让身体充满力量?"雨彤顽皮地附和道。

"当然可以,下回逛街的时候,你估计可以暴走五小时!"玲子肯定地答道。

"哈哈……"玲子的回复让大伙笑喷,如此场面成了星巴克里的一景。哎,姐妹团的下午茶时间总是如此令人侧目哟。

敲黑板 划重点

很多女生经常无缘无故出现身体疲劳、腰酸腿痛、头昏等症状,但到医院又检查不出毛病,这大多是由不良生活习惯引起的。

缓解疲劳的方法:首先,要多运动;其次,要多吃碱性食物,如海带、白萝卜、豆腐、红豆、大豆、苹果、洋葱、番茄、菠菜、香蕉等。

此外,许多女生为了保持苗条的身材,往往拒绝进食肉类,经常以蔬菜、水果、瓜类等充饥,这样的膳食无法供应足够的铁,很容易为身体带来疲乏感。

缓解疲劳的方法:对女生来说,每天吃100克猪牛羊等红肉是必要的。瓜子、榛子、芝麻等坚果类富含铁,对健康也有好处。

黑糯米人参鸡汤

原料:鲜人参3小根,黑糯米120克,鸡1只500克,红枣5颗,姜3片,胡椒粉,盐适量

做法:

1. 把鸡洗净,斩块。

2. 黑糯米洗净,浸水20分钟。

3. 鲜人参洗净,红枣去核。

4. 将鸡出水,将黑糯米沥干水分,与姜一起放入锅内,加盖大火煮沸,改小火煲2小时,加盐调味即可。

营养提示:

鲜人参性平和,可补充因流汗所失去的元气,充分消除疲劳,恢复体力。鸡肉含脂肪量低,把人参与鸡熬成汤,堪称抗疲劳的高级补品。再加入具有补血养气功效的黑糯米,熬出来的人参鸡汤不仅清甜,还能安神定志、补气生血,改善易疲劳体质。

香菜龙鱼羹

原料：新鲜海鱼肉 480 克，冬笋、草菇各 40 克，鸡蛋白 1 个，鸡肝 20 克，上汤 4 杯，红辣椒 2 根，芫荽叶少许

做法：

1. 将新鲜的海鱼洗净，蒸熟起肉。冬笋、草菇和鸡肝洗净，用开水焯一下后过冷水，分别切成小块。

2. 红辣椒洗净，切开去籽，切菱形块。

3. 将上汤放入锅内，下冬笋、草菇和鸡肝，以盐调味，加入海鲜肉，待煮沸后下红辣椒，倒入蛋白推匀，撒上香菜即可。

营养提示：

易疲劳人群需多吃海鱼、鸡肝等富含维生素 D 的食物。

别让手游毁了你的视力

一入手游,深似海。自从迷上了"王者荣耀",妮子便如同着了魔般,所有的休闲时间全部泡在手机游戏里,仿佛这个世界与她无关。

沉迷游戏的后果,一般有以下几点:

1. 学习成绩明显下降;
2. 视力急速变差;
3. 远离人群,性格变得自闭;
4. 只和手游里的虚拟人物做朋友。

很"幸运",以上四点妮子全占了。

这天课后,妮子拿着满是红叉的试卷发呆,雨彤便轻拍她的肩膀安慰道:"别太难过了,这次我也没考好。"

谁知妮子说出了一句让人大跌眼镜的话:"老师的这些红叉画得好有艺术感,像极了王者荣耀里的法术攻击。"

"晕,你中毒太深了吧?"妮子的话让雨彤哭笑不得。

妮子没理会雨彤,继续望着试卷发呆。对于一个手游上瘾者而言,所有的话题都不会勾起她的任何欲望,此刻的她只想着如何才能尽快升级,如何才能横扫千军。

看到好友如此模样,雨彤自是又气又急,她扯开妮子手里的试卷,大声说道:"你被手游迷了心智,你最近像是变了一个人,学习变差,不爱理人。今早我大老远就和你挥手,可你居然当我是透明空气。"

"你和我打招呼了?抱歉,我真没看见你。我的视力变差了,看什么都是模糊一片。"

妮子不好意思地解释道。

"再玩手游的话,你就变成傻子和瞎子了!"雨彤竟有点气急败坏了,"你放学后立马把王者荣耀给删了,如果你还想和我做朋友的话!"

雨彤的绝交威胁似乎对妮子有所触动了,毕竟雨彤是她最亲密的朋友,"我删了就是。我不想当瞎眼的傻子啦。"

雨彤一把搂住妮子,眼圈红了,"从明天开始,我会陪你一起散步,一起谈心,一起学习,更重要的是,帮助你恢复视力。"

"视力还有恢复的办法吗?"

"当然有!少看手机和电视,每天坚持做眼保健操,多吃护眼食物,什么枸杞啊,猪肝啊,都是护眼的好东西。只要你听我的指挥,我一定让你的心灵窗户重新明亮起来!"雨彤拍着胸脯保证道。

有这样处处为自己着想的朋友,妮子觉得好感动、好幸运,她鼻子一酸,大颗大颗的泪珠掉了下来。

雨彤赶忙打趣道:"保护视力还必须做到少哭鼻子哦。"

"嗯嗯……"妮子破涕为笑了。

敲黑板 划重点

近视除与遗传、不良用眼有关系外,不良的饮食结构和饮食习惯也是诱发近视的重要原因之一。防治近视首先要从吃入手。推荐在日常饮食中,应着重以下几种食物的补充来保护视力。

1. 保护视力的食物多含维生素A。例如:胡萝卜、黄绿蔬菜、蛋类、黄色水果、菠菜、豌豆苗、红心甜薯、青椒、鱼肝油、动物肝脏、牛奶。

2. 多吃含钙丰富的饮食。钙是眼部组织的"保护器"。乳类、豆类、菌类、干果类及海产品类食物中含丰富的钙。

猪肝羹

原料: 猪肝100克,鸡蛋2个,豆豉、葱白、食盐、味精适量

做法:

1. 猪肝洗净,切成片。

2. 置锅中加水适量,小火煮至肝熟,加入豆豉、葱白,再打入鸡蛋,加入食盐、味精等调味即可。

营养提示:

鸡蛋和猪肝都是富含蛋白质的食物。猪肝含维生素A较多,可以营养眼球,达到养肝明目的效果,适用于青少年假性近视的治疗。其中猪肝也可用羊肝、牛肝、鸡肝代替。

核桃芝麻糊

原料：核桃1500克，黑芝麻500克，牛奶或豆浆1杯，蜂蜜1匙

做法：

1. 核桃1500克去壳及衣，放在铁锅内，用文火炒，待炒成微黄后取出，冷却，将其捣烂成泥。

2. 黑芝麻500克，去除泥沙，放在淘米箩内，用水漂洗后取出，放在铁锅内，用文火炒，炒干后取出并研细末。

3. 把炒好的核桃泥与黑芝麻粉各1匙，冲入煮沸过的牛奶或豆浆内，再加蜂蜜1匙，调匀后服用，每日1次。

营养提示：

长期食用核桃芝麻糊，既能增加全身和眼内营养，也能增强睫状肌力量及巩膜的坚硬性，从而起到预防近视发生、加深的作用。

吃完就拉的糟糕体质

校园拐角处的紫菜包饭店是瘦身姐妹团常光顾的小店，这里环境幽静，价格实惠，最重要的是店里食物大多为低糖低脂低卡，既饱了口福，又不会担心发胖。

这天，瘦身姐妹团又聚在紫菜包饭店里，难得的聚会，女生们自是放开了肚子胡吃海塞，许是吃得太多了，潇潇的肠胃突感不适，就一会儿工夫便跑了三次洗手间，难不成是吃坏肚子了？

急脾气的玲子刚想站起来找老板理论，却被潇潇制止了，"不关食物的事，是我自己的问题，最近我一吃饱饭就得往厕所跑。"

"那你吃下去的东西根本没法吸收啊，怪不得越来越瘦。"玲子恍然大悟道。

周丹心疼地摸摸潇潇的小脸蛋，说道："瞧你瘦的，我之前还以为你又在刻意节食呢。"

潇潇苦笑道："我哪还敢节食？我现在吃完就拉，肠胃根本不吸收营养，我妈说我吃完不认账。"

"原来你就是那种怎么吃都不会发胖的体质啊，羡慕嫉妒恨！"周丹夸张地叫道，然后给潇潇抛去了一个鄙视的眼神。

"你先别羡慕，潇潇这种吃完就拉的情况可不是什么好事，这说明她的胃肠功能已经紊乱了，正常的消化系统已经出了问题。"玲子正色道，"如果这种情况得不到改善的话，会严重影响健康的。"

玲子的一番话让潇潇慌了，原本苍白的脸色变得越发惨白，"那该怎么办？"

"日常调理肠胃除了要少辛辣、不熬夜、饮食有规律、少食油腻等，还要避免肠胃受刺激，积极配合食疗调养。"玲子给出了专业意见，"身体是革命的本钱，我建议咱们的瘦身姐妹团今天要正式更名为养生姐妹团，如何？"

"我们举双手双脚赞成！"周丹和潇潇齐齐举起了双手。

敲黑板 划重点

中医认为：脾胃为后天之本，主管人体运化水谷、化生气血的功能，这是人体新陈代谢的源泉，也是生命存在的基础，其重要性不言而喻。说到如何调养脾胃，增强胃肠动力，饮食清淡，要让肠胃有一个休养生息的机会，让肠胃的代偿功能自行修复损伤，这是一个必须要有的过程。

要养成良好的饮食习惯，应做到饮食规律，少食多餐，吃容易消化的软食，避免吃生、冷、硬粗糙、油腻、辛辣、含纤维过多的食物。切忌暴饮暴食。忌饮浓茶、咖啡、酒类等，少吃容易产生胀气的食物，如土豆、红薯、洋葱、煮黄豆等。

调理肠胃的食谱

鲜蘑菇瘦肉汤

原料：鲜蘑菇100克，瘦猪肉100克，花生油、食盐适量

做法：

1. 将蘑菇、猪肉洗净，切片。

2. 把蘑菇、猪肉片放入砂锅中，加入清水适量煮汤。

3. 待汤浓、肉熟后，加入花生油、食盐、味精调味即可。

营养提示：

该汤有健脾、清热、利湿的作用。当夏天感到食欲不振、消化能力减退时，不妨将其汤汁代水喝，亦能起到增加食欲、促进消化的作用，适合脾胃虚弱者食用，有健脾益肾，护胃养胃之功效。

花生小米粥

原料：小米50克，花生仁50克，红小豆30克，桂花糖、冰糖各适量

做法：

1. 将小米、花生仁、红小豆放入清水中浸泡4小时，然后淘洗干净，待用。

2. 锅中注入适量清水，加入花生仁、红小豆煮沸后，改用小火煮30分钟。

3. 放入小米，煮至米烂，花生仁、红小豆酥软，再加入冰糖、桂花糖即可。

营养提示：

小米味甘咸，有清热解渴、健胃除湿、和胃安眠等功效，内热者及脾胃虚弱者更适合食用。有的人胃口不好，吃了小米后既能开胃又能养胃，具有健胃消食、防止反胃、呕吐的功效。

吃出来的美白肌肤

漫长的暑假终于结束了,新学期伊始,女生话题榜第一位的便是"如何让假期晒黑的皮肤白回来"。俗话说,一白遮百丑,可想而知,皮肤美白对于女生们而言是多么重要的事情。这不,开学第一天,大伙见面第一句话便是:"哟,你晒黑了呀。"

但总有"不符合常理"的人存在,此人便是玲子,一个暑假下来,玲子不但没有晒黑,而且皮肤不科学地变白了。于是,玲子瞬间被姐妹淘包围起来……

"我晒得跟碳头似的,你却越发白嫩,是不是去打美白针了?快如实招来!"周丹的"审问"直入主题。

潇潇也凑到玲子跟前,仔细地观察着玲子的皮肤,喃喃道:"的确白得不科学,我整个暑假几乎大门不出二门不迈,还是晒黑了一点点呢。"

"别看啦,我又不是大熊猫。"面对大家的审视,玲子真是又好气又好笑,"我才15岁,干吗去打美白针?别忘了,我可是美容达人,让皮肤变白岂不是小菜一碟?"

"快说说,怎么变白的?"大伙早已按捺不住好奇心了。

"美白是吃出来的!"玲子给出了答案,"皮肤的气色和食物息息相关,多吃让皮肤美白的食物,远离让皮肤变黑的食物。这才能达到由内而外的美白效果。"

"说具体点,亲爱的。"一聊到这种专业的美容问题,周丹便如同小学生般认真,就差拿起笔做记录了。

"多吃富含维C的食物,维生素C能中断黑色素生成的过程,可阻止已生成的多巴胺进一步氧化而被还原为多巴,从而干扰黑色素的生物合成,如果想使皮肤白皙,不妨多吃些富含维生素C的食物,如西红柿、橙子、柠檬、山楂、柑橘等。"玲子缓缓说道,"此外,必要的防晒工作还是要做好的,防晒霜、遮阳伞、帽子、墨镜、口罩,一样都不能少!"

"哎!"听完玲子的美白知识小讲座,周丹竟深深地叹了一口气。

"好端端的,叹什么气啊?"玲子问道。

"美丽的代价也太大了,出个门就要全身武装,吃东西还得看看是不是富含维生素C。我还是当我的黑炭头吧。"周丹忧伤地说道。

"你当你的黑炭头,我要当我的白雪公主。"玲子对周丹的吐槽给出了经典回复。

"嗯嗯,我也要当白雪公主,我不怕麻烦。"潇潇附和道,然后,她用手挽住周丹的胳膊,亲昵地说道:"为了漂亮,你就不要嫌麻烦啦。咱们以后都要学着玲子,努力让自己变得更美,美丽给人带来自信和快乐,你说对吗?"

潇潇这柔中带刚的话语还真具说服力,周丹立马信誓旦旦地保证道:"我也要当一个不怕麻烦的白雪公主!"

"哈哈哈……"三个爱臭美的女生笑成了一团。

敲黑板 划重点

美白口诀:"一少三多"

1. 少吃含有酪氨酸的食物,例如马铃薯、红薯等。
2. 多吃富含熊果苷的水果,例如西洋梨、小山梨等。
3. 多吃含有维生素C的食物,例如鲜枣、西红柿、柑橘、新鲜绿叶蔬菜等。
4. 多吃富含维生素E的食物,例如卷心菜、菜花、芝麻油、芝麻、葵花子、菜籽油等。

美白肌肤的营养食谱

美白核桃山药饮

材料:核桃几个,牛奶一袋,山药粉一袋

做法:

1. 取出核桃仁,用铁锅慢慢小火把核桃仁炒香,也可以用微波炉或者烤箱烤。

2. 核桃仁加少许水放料理机里打成汁,然后过滤一下备用。

3. 在小锅里加牛奶和核桃汁熬开,煮沸后小火熬几分钟然后关火,倒入山药粉,搅匀即可。

营养提示:

核桃仁含大量脂肪、蛋白质、糖类、胡萝卜素和多种维生素,核桃有美白肌肤、润泽头发的功效,古时便已得到论证。山药有促进荷尔蒙的合成作用,能帮助女性对抗肌肤老化现象,可减少皮下脂肪堆积,防止结缔组织的萎缩,让皮肤光滑有弹性。常喝此饮料有祛斑增白作用。

桃胶养颜银耳羹

原料：桃胶50克，银耳一朵，红枣6粒，枸杞15克，冰糖80克，清水2升

做法：

1. 桃胶提前用清水浸泡一夜至完全发透，中间没有硬心，然后拣出可能附着在上面的杂质，再换水清洗至完全干净。

2. 银耳同样也提前一夜用水泡发，剪掉根部，掰成小小朵；红枣和枸杞用水冲洗干净备用。

3. 银耳和冰糖一起倒入砂煲，加入清水，盖上锅盖大火煮开后以中火煮2小时至银耳汤浓稠。

4. 2小时后，倒入枸杞、红枣和桃胶，转大火煮15~20分钟即可。

营养提示：

桃胶有很好的清血降脂、缓解压力的作用，其中的植物胶原蛋白有抗皱嫩肤、美白养颜的功效，常吃桃胶还能使皮肤变得有弹性，气色红润有光泽。

第二章 少女的美容教室

太平公主的哀愁

这天,周丹穿了件剪裁合体的连衣裙,凹凸有致的身材获得姐妹们的一致好评。平时很少夸人的玲子也怒赞道:"这才是健康青春美嘛,整个一S型,羡慕、嫉妒,没有恨。"

玲子的话音刚落,其他人便下意识地低下头瞧了胸部一眼,哎……自是五味杂陈啊。

潇潇轻轻地叹了口气,"我的胸前是一马平川啊,好羡慕S型的身材。"

"拜托,你都瘦成麻秆了,怎么可能有人家周丹这种美胸呢?多吃点饭吧,胖点就能有胸了。"雨彤开玩笑道。

"非也!"玲子摇头道,"身材丰满和体型肥胖完全是两个概念,人家周丹前段时间还是微胖界人士,现如今已经迈进了女神行列,这和她自身的身材管理分不开!"

大伙的夸赞让周丹有点不好意思了,她用手摸了摸自己略微发烫的脸颊,"你们的话都让我飞上天了。"

"女神,请上天吧!"雨彤俏皮地做着膜拜的姿势,"上天之前,请告诉我们如何才能由太平公主变成凹凸有致的辣妹。"

"我们洗耳恭听哦!"潇潇也跟着起哄。

"饶了我吧……"周丹的脸此刻更红了,"要说秘诀的话,可能与我平时的生活习惯有关系吧。我不会因为怕胖而少吃蛋白质食物,在洗澡的时候,我会冷热水交替顺时针在乳房上进行冲洗以刺激胸部的血液循环,还会按摩胸部五分钟,这个丰胸的方法我可是跟志玲姐姐学的哦。"

"都听到了吗?"玲子指了指大家,"没有丑女人,只有懒女人哦。各位,今晚洗澡的时候就开始用这招。"

"嗯嗯!"

"收到!"

大伙的热情无比高涨啊,为了摘掉太平公主的"帽子"也是蛮拼的。

敲黑板 划重点

想以后拥有完美的身材，女生就该把握青春期这个关键的全面发育时期，以下是少女丰胸秘籍：

1. 无论做哪种健胸运动时，力度与频次都要量力而行，以免对胸部造成不必要的损伤。
2. 购买胸罩时，一定要选择尺寸合适的棉质品。
3. 如果正在实施Keep fit计划，必须注意要循序渐进，不可以操之过急，急剧消瘦的后果之一便是使胸部过早松垂。
4. 经常健身的话，首先要懂得自我保护，避免做一些无保护的剧烈运动。
5. 尽量不要用太热的水洗澡，否则容易烫伤胸部娇嫩的肌肤。

健康丰胸的按摩法

1. 直推乳房：先用右手掌面在左侧乳房上部，即锁骨下方着力，均匀柔和地向下直推至乳房根部，再向上沿原路线推回，做20～50次后，同法换左手按摩右乳房。

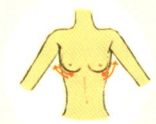

2. 侧推乳房：用左手掌根和掌面自胸正中部着力，横向推按右侧乳房直至腋下，返回时用五指指面将乳房组织带回，反复20～50次后，换右手按摩左乳房。

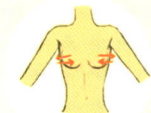

3. 热敷按摩乳房：每晚临睡前用热毛巾敷两侧乳房3～5分钟，用手掌部按摩乳房周围，从左到右，按摩20～50次。只需按上述方法每天按摩1次，坚持按摩2～3个月，胸部一定会有可喜的变化。

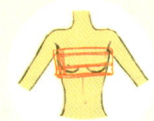

和痘印说再见

五一假期归来，玲子冲雨彤说的第一句话便是："去玩的时候，没防晒吗？"第二句话更为扎心："怎么搞的，满脸痘印？"

这暴击来得太突然了，雨彤哭丧着脸，向雨彤求救道："假期玩过头了，吃了许多上火的东西，而且还没做好防晒。亲爱的，我还有救吗？"

玲子皱皱眉，双手一摊，沉默不语。

此刻，雨彤估计连死的心都有了，"真没救了吗？怎么办啊……"这说话的尾音竟带着点哭声。

"哎……"玲子深深地叹了口气，慢慢地说道："外出一定要防晒，这句话我起码说了800遍，可你就是不听。阳光一定会让你脸上的痘印恶化，知道吗？"

"你说的第801遍，我现在已经铭记于心了。请你救救我吧？"雨彤差点没给玲子跪下。

看着雨彤这般模样，玲子真是又好气又好笑，"首先，你必须在饮食上忌口，这接下来的一周时间里，你千万别再吃任何上火的食物，吃清淡点。然后，每天出门都要做好防晒，千万不能用手去摸脸上的痘印，做好皮肤清洁。"

"嗯，我保证做到。"雨彤坚定地说道。

"另外，千万别偷用你妈妈的护肤品，就算再昂贵的护肤品都不可能立刻修复痘坑痘印，大人的护肤品根本不适合我们的年轻肌肤。"

"哇，这你都知道？神了！"雨彤瞪大眼睛，惊讶极了。

玲子不置可否地耸耸肩，"痘印是起于痘痘发炎后的色素沉淀，使长过红痘痘的地方留下黑黑脏脏的颜色，使皮肤暗沉，这些黑颜色其实会随着时间慢慢自行消失。这是一种暂时性的假性疤痕，并不是真正的疤痕。只要你能做到我说的那几点，很快就能和痘坑痘印说再见。"

"大神，请收下我的膝盖。"雨彤做出了一个膜拜的姿势。

玲子再次耸耸肩，悠悠地回了一句："小 Case！"大神果然够低调。

挤黑头 划重点

挤压黑头让人很有快感，一个个硬的油脂粒逬出来的时候觉得很痛快，但是挤得不好就会发炎，或者留下红印子。一般挤黑头都用粉刺针挑破皮再挤，为了让油脂粒容易出来，其实还可以通过先去角质，再热敷的方法让毛孔通畅角质变软后轻轻就能挤出黑头，有些小黑头还会自己浮出来轻刮就能去除。

淡化痘印的小窍门

自制蛋清珍珠粉面膜

做法：

1. 取一个鸡蛋，打碎，只取蛋清，放入碗中，在取10克珍珠粉与之混合，珍珠粉需要选用优质的比较细的为好。

2. 清洁完面部后，将蛋清珍珠粉面膜均匀地涂在脸上，不过涂的时候需要注意紧闭嘴唇和眼睛。

3. 等待15～20分钟便可以用清水洗去了，一般这款面膜1周2次即可，不宜过多。珍珠粉和鸡蛋清都具有镇静和美白肌肤的功效，将两者混合在一起当面膜使用，不但肌肤会越来越柔滑，痘印也能慢慢变淡。

自制芦荟蜂蜜面膜

材料： 芦荟、蜂蜜

将新鲜芦荟洗净切成小块放进锅里，然后倒入500毫升的清水熬煮，煮沸后转文火再熬15分钟，隔渣取汁，再加上蜂蜜调味饮用。也可用芦荟切片涂抹青春痘，每日1次。芦荟可抗菌消炎，排毒养颜，对去痘印有较好的疗效。

关于面膜的"秘密"

范冰冰喜欢敷面膜这已经是人尽皆知的"秘密",传说中范冰冰一年用的面膜达700张之多,早在之前《快乐大本营》就曝出了范冰冰的家,其中冰箱里全是面膜。

为了向偶像范冰冰学习,周丹可谓下了血本,她把全年的零花钱都用来购买面膜,每晚必须敷完面膜才睡觉。但她这种密集护理的方法正确吗?答案是否定的。

处在青春期女生的面部肌肤病不适合频繁的面膜护理,大多数面膜用的次数过多会导致肌肤出现过敏、红肿等不良症状。长期天天敷面膜,只能让你的皮肤越来越脆弱,越来越敏感。

一般面膜的正常使用频率在一周2次左右。如果你是需要对某种效果的加强,可以在第一周连敷7天面膜,然后从第二周起,再每周敷2~3次即可。

在选择面膜时一定根据自己肌肤类型,选择适合自己目前皮肤状况的面膜。对于面膜的成分,更是要在使用前确定面膜注明的注意事项,严格按照说明来选择使用。无论是干性、油性、混合性皮肤,还是敏感型皮肤,只有选对了适合自己的面膜才能让其发挥最好的效果。

敲黑板 划重点

使用面膜容易进入的误区：

1. 敷的时间过长。

不少女生认为面膜敷的时间越长，效果就越持久。殊不知，超过了面膜应敷的时间，此时的面膜就会倒吸面部的水分，不但之前的功夫白费，还会令肤质变得更糟。

2. 盲目使用撕拉面膜。

为了更好地解决肌黑头和油腻问题，很多人爱上了撕拉面膜。尽管能快速的见到效果，但如果使用次数过多或方法不当，会导致毛孔逐渐粗大、皮肤过敏，严重的甚至会令肌肤慢慢松弛、提前老化，所以一定要谨慎使用。

正确敷面膜的步骤方法

1. 在敷面膜前，首先用温水清洁脸部，最好用洗面奶清洁一下，清洁后用化妆水轻轻拍在脸上，给肌肤二次清洁，防止脸上残留污垢被吸收。

2. 打开包装取出面膜，把面膜先轻轻地贴在脸上，从鼻翼两侧开始轻轻地用指腹按压，延伸于面部两边。然后再用指腹轻压脸部两侧，使面膜更好地敷贴在脸上。

3. 再用指腹轻压下巴和额头的位置，这样面膜会更服帖了，让脸部肌肤都能充分吸收到精华。

4. 15～20分钟过去了，这时我们要取下面膜，取下面膜要注意一个取的方法，首先从上面轻拉到脸部中间位置，不要拉到下边，再从左边（右边）向旁边取下面膜即可。

5. 拍打全脸，让精华更易吸收。最后用清水洗净，配合使用后续保养品，将营养成分锁在肌肤内，效果会更好。

女神脸上的恶心黑头

潇潇是典型的处女座性格,凡事必要尽善尽美,对于自己的身材、外貌管理自是严格到了极致,在她的人生字典里,"瑕疵"二字是不容出现的。

如此完美的女神设定,竟然被小小的黑头破坏了。黑头是什么东东?科普一下:黑头主要是由皮脂、细胞屑和细菌组成的一种"栓"样物,阻塞在毛囊开口处而形成的,加上空气中的尘埃、污垢和氧化作用,使其接触空气的一头逐渐变黑,所以得了这么一个不太雅致的称号——黑头。

这样恶心的东西出现在女神的脸上,那绝对是一件难以忍受、无法想象的"惨案"。可黑头却不会因为潇潇的完美人生而放过她,是的,潇女神的鼻尖冒出了两颗大大的黑头!这样恶心的玩意儿岂能让其留在脸上?于是,潇潇自行用粉刺针把黑头挤了出来,本以为斩草除根了,但更大的麻烦接踵而至,潇潇的鼻尖居然肿了起来,挤过黑头的皮肤处更是疼痒难忍。糟糕!怎么办啊?这种灭火事件当然要找达人玲子啦!

潇潇戴了个口罩便飞奔向玲子家,一刻钟后,潇潇已经热泪盈眶地坐在了玲子跟前,"亲,我现在是不是特像比诺曹?"

"不像,比诺曹的鼻子没有红肿发炎。"玲子的语气异常淡定,这也难怪,玲子对这种突发美容事故已经免疫了。

"我还有救吗?"

玲子仔细地盯着潇潇的鼻尖,点头道:"死马当活马医吧。先往鼻尖上涂上消炎的药膏,等红肿消退后,再做些收缩毛孔的护理,应该就能还你美貌了。"

听罢玲子的话,潇潇一颗悬着的心终于落地了。

"想把黑头清除而不想毛孔变大,不论用何种方法,事前最好先蒸一蒸面,令毛孔自然张开,除了有助于排出毒素外,也有助于清洁。清除完黑头后,最好用冰冻蒸馏水或爽肤水敷于鼻子和T字部位,除了能镇静皮肤外,还可以收缩毛孔。

这才是祛除黑头的正确方法,切记!"玲子给出了专业的建议。

"谢谢你,没有你,我们这些美容小白该怎么办啊!"潇潇由衷地表达了自己的感激之情,接而给了玲子一个甜甜的香吻。

撕黑板 划重点

黑头的出现是个人肤质与外界环境因素结合而造成的，任何年龄、任何肤质的人都有出现黑头的可能。天气闷热会导致出油更多，毛孔张开，令皮脂管道内的多余油脂更加容易被氧化变硬，黑头就更加明显了。

所以，表面看去黑头就是通过拔除，就可以取出，但是从根源看，控制皮脂腺的油脂分泌过量是核心的一环。

祛除黑头的美容小方

祛除黑头的美容小方

材料：绿豆粉，吸油纸（或面巾纸，但面巾纸没吸油纸好用），几瓶矿泉水

1. 将脸洗净。

2. 在绿豆粉里加入适量的水，搅拌，成浆状。

3. 把它敷在需要去黑头的地方，然后把吸油纸放在上面。

4. 等绿豆粉差不多干时，把吸油纸撕下即可。

5. 最后一定要涂上紧肤水，才可以令毛孔回复紧致细嫩。

注意：每周一次即可，如果天天做的话会损伤皮肤。

自制燕麦片面膜祛除黑头

1. 将燕麦片放入水中泡2~3小时（千万不要用热水，因为麦片会变成糊状），加脱脂牛奶搅拌，燕麦滤干。

↓

2. 把调好的面膜敷于脸上10~20分钟，然后用手按摩，特别是黑头非常多的T字位，然后清水洗净。燕麦面膜可以改善肌肤粗糙、角质堆积，促进肌肤光滑。每次用完之后都可以看到燕麦好像变得脏脏的，再看看鼻子，你会发现变得非常干净！

喝水的学问

大清早,雨彤戴着墨镜出现在教室里,"干吗戴着镜?你做双眼皮啦?"玲子故作惊讶地追问道。

"才没有呢!"雨彤说完便摘下了墨镜,"早上起来后,发现眼睛巨肿,所以只好戴墨镜了。"

"你昨晚哭了一夜?"玲子继续十万个为什么。

"才没有呢!我疯啦?"雨彤矢口否认。

"那就是睡前喝了很多水?"玲子打算打破砂锅问到底。

"答对!是谁告诉我,多喝水有利于排毒养颜的?这下可好,颜没养好,眼袋倒是多了两个!"雨彤愤愤地嘟哝道。

玲子指了指自己,"那个让你多喝水的人是我!"

"不好意思!"雨彤发现自己说错话了,赶忙道歉。

"拜托以后你听清楚别人说的话,我让你多喝水,可不是让你睡前多喝水。喝水是有讲究的!"

"什么讲究?"

"水应该白天、晚上均匀地喝,不要1小时内连续喝四大杯水。每天喝水的最佳时刻是:

早晨起床后,一定要喝水,因为睡眠期间皮肤蒸发的水分约有200毫升。早晨喝水最好是空腹,以小口小口的速度喝下450毫升的水,喝完后做一些简单运动,不可静坐;上午十点左右,喝水可以补充学习时所流失的水分;下午三点左右,可以用课间的时间喝喝水;而睡前就要少喝水了,喝太多水除导致胃液稀释、夜间多尿外,还会诱发眼睑和眼袋水肿。"玲子颇有耐心地详细解答道。

"这么复杂,看来做个如水的女人的确好难,但为了美丽和健康,再难也要克服!"

瞧着雨彤的模样,玲子禁不住笑道:"你说话的起承转合实在另类,不过,既然这么有决心,我再温馨提示一下吧,正常人每天清水的摄入量为2000毫升~2500毫升。太少,体内废物代谢不出去,影响身体健康;太多,则会加重肾脏负担,也非常不可取。"

"记住了,记住了!亲爱的玲子。"雨彤开心地说道。

喝水是给皮肤补足水分的最简单的办法，但很多人都会忽略，因此可采取几个小方法：

1. 用大杯子喝水。用400毫升左右的水杯装水，时刻提醒自己每天喝4杯就可以了。

2. 随手一杯水。白天上课时放一个大瓶水在桌子上，课间休息时，别忘了喝口水。在家别忘了在茶几、床头放一瓶水，没事时随手拿起喝口水。

3. 随身携带。随时在包里放一瓶水，不渴也喝几口。

有人说为了保持充足的水分，最好把喝水想象成呼吸，因为当体内缺水时，你不会马上感到口渴，身体会先向外围器官"借水"，最主要的就是皮肤。当皮肤中无水可借时，你才会感到口渴。所以，当你感到口渴时，皮肤早已经"大旱"了。

喝水"行程表"

学习如何喝水，了解什么时候应该补水是美容养颜必须要注意的。不要盲目着急的补水，小心适得其反哦。

美容专家推荐了一个"喝水行程表"，供大家参考。

6:30 经过一整夜的睡眠，身体开始缺水，起床之后先喝250毫升的水，可帮助肾脏及肝脏解毒。

8:30 清晨从起床到学校的过程，时间总是特别紧凑，情绪也较紧张，身体无形中会出现脱水现象，所以到了教室后，给自己一杯至少250毫升的水！

11:00 上完几节课后，一定得趁着课间休息的时候，再给自己一天里的第三杯水，补充流失的水分，有助于放松紧张的学习情绪！

12:50 用完午餐半小时后，喝一些水，可以加强身体的消化功能。

15:00 以一杯健康矿泉水代替可乐与咖啡等提神饮料吧，也能够提神醒脑。

17:30 放学离开教室前，再喝一杯水，增加饱足感，待会吃晚餐时，自然不会暴饮暴食。

20:30 睡前1小时再喝上一杯水！今天已摄取2000毫升水量了。

美白进行时

自从发生了"厌食症"事件之后,潇潇便把美容重点放在了皮肤的美白上,俗话说:"一白遮三丑。"可见白皙的肌肤对女生是多么重要。

问题来了,潇潇的皮肤底子并不是很好,想要立刻拥有细嫩白皙的肌肤,除非"美图秀秀"。为了让自己变白,潇潇可谓是费尽心思,每天敷面膜,出门必须全副武装地做好防晒工作,饮食方面只吃有利于皮肤美白的食物。功夫不负有心人,潇潇的美白大计果然颇有成效,才不到一个月的工夫,潇潇的肌肤明显地白了,而且皮肤也变得有光泽了。

潇美人的变化自然引来了"姐妹团"的集体围观。

作为专业人士,玲子给予了潇潇极大地肯定,"这世界只有懒女人,没有丑女人,没有最美,只有更美!"

雨彤和周丹凑到潇潇跟前,仔细地观察着她的脸蛋,啧啧称道:"佩服,佩服!这皮肤真的变白了呢!"

潇潇被大伙这么一夸,竟有点不好意思了,"我也就是平日里注意严格防晒,还有自制各种美白面膜,总之就把自己当成小白鼠,凡是看到有什么美白小窍门就想往自己身上试验试验。"

"佩服N次方!"周丹向潇潇伸出了大拇指,"这种勇于当小白鼠的精神不是人人都有的啊,光是防晒这一项我就做不到,太麻烦啦!"

"所以咯,人家变成了白雪公主,你还是那头小黑牛!"

玲子接过话茬,"别怪我毒舌啊,我说过很多次了,阳光里的紫外线就是肌肤的杀手,你居然还嬉皮笑脸地说防晒太麻烦,那你干吗还来谈论皮肤美白的话题?"

玲子的话让周丹好生惭愧,"好啦,从今以后,我一定要向潇潇学习,做好防晒,多敷面膜,学做一只小白鼠。"

看着周丹一本正经地在那儿"认罪",大伙都被逗乐了,玲子拍拍周丹的肩,说道:"知道认错的同学就是好同学!

我们一起当勇敢的小白鼠吧?不能让潇潇一个人悄悄变美,咱们也要齐头并进!"

"对!一起变美!"大伙立马齐声应道。

这群立志要当"小白鼠"的爱美女生们也太可爱了吧!

敲黑板 划重点

拥有白皙的皮肤，是女孩子十分关注的。有的人天生皮肤就十分的白净，而有的人是通过后天的护肤，拥有了让人羡慕的皮肤。

国外的皮肤专家提出了美白保湿保养的基本准则即"ABCS"：A即远离阳光；B即涂美白保湿防晒产品；C指戴帽、撑伞遮阳光；S是请告诉大家。

越来越多的美容专家提出警告，我们追求的不是苍白而是美白保湿的最佳境界，不能脱离实际地想让自己的黄皮肤变成欧洲人的白皙肤色。记住，美白保湿的标准应该是健康、洁净、明亮的肤色。

每天保证8小时以上的睡眠是全身美白的关键，不要发脾气、乱生气，多听音乐，保持好心情。

让肌肤美白的美容小方

自制美白护体膜

材料： 香蕉、全脂牛奶、纯净水

方法：

将香蕉捣至糊状，接着加入全脂牛奶，再倒入少量水。大概以3:5:1的比例混合搅拌香蕉、牛奶和水，然后在全身的肌肤上涂抹，待20分钟后清洗干净，只要使用一次，你就能感觉到皮肤变得细嫩润泽。

自制芦荟美白面膜

材料： 芦荟、鸡蛋清、珍珠粉、黄瓜、面粉

做法：

准备三指宽二指长的面带斑点的芦荟叶去刺洗干净一块3厘米长的黄瓜、四分之一鸡蛋清、2~3克珍珠粉、适量的面粉。将芦荟、黄瓜放入榨汁机榨汁后倒入小碗，然后放入蛋清、珍珠粉、适量面粉调成糊，以不往下流淌为准。把脸洗干净，将调好的糊抹在脸上，干后洗净，拍上柔肤水、护肤品即可，每周1~2次。

自制中药美白面膜

材料：白芷6克，蛋黄1个，蜂蜜1大匙，小黄瓜汁1小匙，橄榄油3小匙

做法：

先将白芷粉末，装在碗中，加入蛋黄搅均匀。再加入蜂蜜和小黄瓜汁，调匀后涂抹于脸上，约20分钟后，用清水冲洗干净。脸洗净后，用化妆棉蘸取橄榄油，敷于脸上，约5分钟，然后再以热毛巾覆盖在脸上，此时化妆棉不需拿掉。等毛巾冷却后，再把毛巾和化妆棉取下，洗净脸部即可。

瘦成小V脸

周丹是个超级大头贴爱好者，平时一有空闲时间就去拍大头贴。在一沓沓的背景图本子里耐心地挑选，在狭小的空间里，不厌其烦地摆出多种姿势，一直拍到脸部肌肉僵硬。所有东西上都贴满的大头贴，手机、钱包、笔袋，等等，只要有可能有空间的地方就充斥着她的大头贴，甚至就连钥匙圈上也挂了十二张大头贴。

周丹为什么对大头贴如此痴迷呢？

原因一定会让你大跌眼镜，因为她觉得自己的脸太大、太圆，她宁可自己多照大头贴，也不愿和别人合照，在大头贴里，她不会受到脸型对比的"伤害"。这个理由够奇葩吧？

这天，姐妹团又聚会了，女生们的聚会自然免不了各种合影自拍，这可愁坏了周丹，每照一张照片，她尽可能地躲到众人后面，为的是能让自己的脸在照片中显得稍小些。可周丹的小伎俩怎能逃过玲子的"法眼"，"就算躲到再后面，大脸也不会变成小V脸啦。"

"所以我最烦合照了。"周丹倒是很实诚，直接把自己的心里话说了出来。

"咱们可不能因为脸大就放弃合照的机会啊，那也太惨了吧？脸大又不是什么疑难杂症，姐有瘦脸的好办法。"玲子肯定地说道。

"真的吗？"周丹的眼睛瞬间亮了起来。

"那还有假？"玲子的美容小课堂开课啦，"你和我一样，脸盘其实并不大，但是下巴肉肉的，脸部轮廓看起来就不是很精致。"

"嗯嗯！"玲子的话简直说到了周丹心里去。

"你平时可以多吐吐舌头，尽量把舌头伸出嘴巴到最大限制，这样能够帮助紧致颈部肌肤，减掉双下巴。洗澡的时候在身心完全放松的情况下，可以一手扶额头，脖子后仰，另一只手抹上沐浴露，在颈部和下巴位置做环形按摩，能够改善下巴松弛的现象，双下巴也能慢慢消除。这套瘦脸动作我练了好几天，效果虽然不是很明显，但贵在坚持哦。"玲子边说边动手演示着。

好家伙，在玲子的带动下，姐妹团的成员纷纷有模有样地做起了瘦脸操，谁也无法阻止女生们爱美的脚步啊。

小黑板 划重点

肥肥大大的嘟嘟脸并不是爱美女生所喜欢的，女生更喜欢的会是娇小可爱的脸蛋，那么对于天生脸部就比较肉肉的女生来说，如何瘦脸和修饰脸部曲线就成了很大的问题，其实只需要通过一些很简单的小运动，就能轻松地达到瘦脸的效果，但是需要注意的是，你必须长期坚持做瘦脸减肥按摩运动，不然效果就没有这么好了。

此外，想瘦脸不一定要节食，在日常的生活中，多吃某些消肿利湿的食物也是可以有效瘦脸的。强烈推荐的是薏米和红豆。将薏米和红豆熬成粥，可当作早餐或午餐，日常的饮食要注意清淡，忌食高盐高热量食物。

瘦脸小窍门

自制瘦脸面膜

下巴是很容易堆积脂肪的，所以可以试试敷瘦脸面膜，来帮助物力治疗消除双下巴。所需的材料很简单，一个新鲜的鸡蛋，一勺牛奶，少量的薄荷精油、蜂蜜和柠檬汁。将所有材料混合在一起，搅拌均匀以后敷在双下巴区域，15分钟后清洗掉即可。

原理：蛋清和柠檬是紧致肌肤的法宝，而蜂蜜和牛奶又能使肌肤滋润顺滑，配合使用针对性按摩，很快就能消除双下巴。

神奇瘦脸操

第一步：加强脸部弹性

1. 眼睛凝视前方，紧绷脸部肌肉，嘴角微笑，这样能加强脸部的肌肉弹性。

↓

2. 继续以上的表情，然后双眼微微眯着，保持微笑，这个动作有助加强眼睛周围的脸部肌肉。

↓

3. 闭上双眼，深呼吸，然后慢慢地说出 5 个国家的名字，然后吐气，重复 5 次。

第二步：减掉脸部多余脂肪

1. 伸出一点点舌头，用牙齿轻轻咬住，然后微笑，持续动作 20 秒。

↓

2. 伸出一点点舌头，牙齿不要咬在舌头上，心里默数 5 下后恢复自然表情，重复 10 次。

↓

3. 伸出一点点舌头，用牙齿轻轻咬住，然后微笑，用双手的食指和中指的指腹按住笑脸处往上推，动作持续 20 秒。

第三步：美化脸部线条

1. 嘴巴微微张开，脸部肌肉尽量拉紧，这样能让你脸部的线条更加美丽哦！

↓

2. 嘴巴微微张开，然后微笑，再闭上嘴巴恢复没有脸部表情的状态，动作重复 5 次，每次保持 10 秒。

↓

3. 表情自然，眼睛看着前方，注意脸部肌肉的紧绷，动作持续 20 秒。

眉毛，脸型的点金石

眉毛，人体面部位于眼睛上方的毛发。对眼睛有保护作用。古代也将蛾眉用作绝代佳人的代称。屈原的《离骚》中有这样的描绘，"众女嫉余之蛾眉兮。"白居易的《长恨歌》中也写道："宛转蛾眉马前死。"

俗话说，眼睛是心灵的窗户，那么我们可以把眉毛看成是窗帘；眼睛是人生的一幅画，那眉毛就是画框。眉毛不仅有保护这扇窗户的作用，同时也有美化窗户的作用，眉毛虽然不是五官，但是对于五官的美型却有着决定性的作用。

长在眼睛上方的眉毛，在面部占有重要的位置，具有美容和表情作用，能丰富人的面部表情，双眉的舒展、收拢、扬起、下垂可反映出人的喜、怒、哀、乐等复杂的内心活动。

在中国文学里，有很多形容眉毛的，比如：扬眉剑出鞘、眉飞色舞、剑眉入鬓、蛾眉淡扫、眉头紧锁、喜上眉梢、柳叶弯眉、眉目传情……

综上所述，眉毛便是五官脸型的点金石。

可怜的雨彤却没有这颗关键的"点金石"，是的，雨彤的眉毛天生稀疏，这两条眉毛极度影响了她的颜值，一些男生在私底下给雨彤取名为"无眉道人"。可雨彤又能怎么办呢？身体发肤受之父母，她也无力改变这样的容貌啊。

为了拥有一对迷人的眉毛，雨彤还特别在网上学习了画眉教程，可画眉是项技术活，并非买支眉笔在脸上随便画画就能画出漂亮眉毛的。雨彤画出的眉毛实在是一言难尽，这画眉的举动再次被那些好事男生讥笑为"丑人多作怪"。

有一次，雨彤甚至冲进整形医院，要求文眉，但被医生以"未成年不准整形"为由劝离。哎，像雨彤这样眉毛稀疏、眉形不佳的女生一定不少，除了整形之外，我们不妨多学学修眉的技巧和方法，让自己变美，只能靠自己哦！

敲黑板 划重点

眉毛虽然不是五官，但是对于五官的美型却有着决定性的作用。那么如何才能让眉毛变长呢？

1. 维生素E。

维生素E中含有刺激毛囊生发的特殊成分，对于眉毛、睫毛都可以使用。但是这里的使用方法不是口服，而是沾一些维生素E的溶液涂在眉毛上，对于有些女生是很有作用的。

2. 生姜。

生姜生发是民间的一个偏方，很多人都喜欢用生姜在头皮上涂抹来达到生发的效果，其实对于眉毛也可以使用。生姜生发的原理是刺激毛囊地方的血液循环，让毛囊焕发活力，一般来说可以尝试使用。

让眉毛变美的美容小方

修眉的技巧

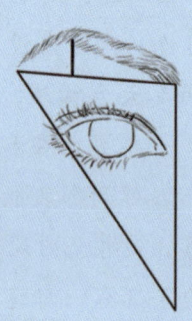

1. 确定眉峰、眉头、眉尾的位置。

眉头：一般与内眼线在同一直线上，如果眉毛长得超过了这条线，请修掉，因为两眼眉头距离过近，会产生眉头紧蹙不够明朗的感觉。

↓

2. 清除眉部杂毛。用镊子之类的工具拔掉眉毛周围的杂毛，让眉毛线条清晰。

↓

3. 修剪眉毛。如果眉头位置超过了内眼线，可以用修眉刀把长出来的部分修掉。一些比较长的眉毛修短点。

↓

4. 用眉粉画眉头。将眉粉反向刷在眉头处，并向眉峰方向晕染开，勾勒眉尾线条。用眉笔轻轻勾勒出清晰的眉尾线条。

让眉毛变浓密的小偏方

1. 茶水美眉方：隔夜茶水（或隔夜茶中加入少许蜂蜜调匀），每日用之涂刷眉毛，久用可使后毛乌黑浓密，也可防治眉毛稀落。

2. 黑芝麻油方：取黑芝麻60克、黑芝麻油50毫升浸泡，每晚涂眉。黑芝麻子、花和油都有营养毛发和促进毛发生长的作用，长期使用可使眉毛乌黑亮泽。

对付黑眼圈的秘籍

期末考试将至,大伙都投入到紧张的复习中,甭管是学霸还是学渣,此时都需要玩命地学习、学习、再学习。

姐妹团的女生们为了应对高强度的学习生活,已无暇顾及什么美容管理,如今见面讨论的不再是最新的美容时尚,而是各种复习题。

考试倒计时一周,姐妹团相聚常去的奶茶店,店主热情地打着招呼:"好些天没瞧见你们几个啦,最近是不是忙着复习啊?一个个都瘦了,一个个都熬出了黑眼圈。"

店主的这句话既甜蜜又苦涩,姐妹们面面相觑,"老板,你说我们瘦了,我们满心欢喜,可你说我们个个黑眼圈,却让人无比哀愁啊。"玲子边说边掏出随身携带的化妆镜自顾自地照了起来。

店主嘿嘿一笑,"我读书那会儿也常熬夜,但我却从来没有熬出黑眼圈。"

"怎么可能?你难道是非人类?哪有熬夜了,却没有黑眼圈的?"周丹质疑道。

"我有独家的护眼美容秘籍啊!"店主道。

"那就快告诉我们呀!拜托别卖关子了。"大伙异口同声地请求道。

"每晚坚持眼部护理是不可缺少的。晚上洗澡后,只需用1分钟时间以中指按摩双眼,由眉心开始,轻轻往外向下按压绕成的圆圈,重复做4~6次,最后涂上清爽的眼部啫喱就可以了。眼部的护理从现在就要开始咯。"店主非常耐心地给女生们讲解。

说到美容知识,玲子的求知欲便来了,"我晚上也涂眼部精华啊,但起床后还是会有黑眼圈呢,好郁闷。"

"这个时候就要用到急救方案啦。"店主继续分享着自己的独家美容秘籍,"起床后,可以用冰袋轻轻敷眼,或者用两片多汁的苹果或两片冰冻的雪梨,将其放在眼部,然后躺下,让眼睛休息15分钟左右,这样黑眼圈便会短暂消退。此外,还可以把一些泡茶的茶包风干,将干透的茶包放在冰箱里,需要时取出两个,敷在黑眼圈上20分钟,亦可短时间让黑眼圈变淡。希望我的方法能帮到大家。这也算是我送给各位的VIP福利。"

"谢谢你,我们今天学到了对付黑眼圈的美容秘籍。以后咱们的聚会地点就常驻这儿了。"玲子的小嘴真甜,她的一番话把店主哄得心花怒放,店主立马承诺:"以后你们这几个女生来店里消费一律打八折!"

今天的运气也太好了吧,既学会了对付黑眼圈的秘籍,又意外收获了八折优惠。今天绝对是姐妹团的幸运日!

敲黑板 划重点

眼部肌肤状况好坏对每个人的外貌形象都影响很大,让自己的双眸保持明亮状态,不仅能增加自信,还能让他人对你的好感倍增。但是黑眼圈的出现,不单单是影响了你的外在,更说明你的健康开始出现问题了,平时,我们不妨自己按摩一下太阳穴,此方法不仅有利于缓减黑眼圈,也可以保护视力:闭上眼睛,用大拇指按住太阳穴,用食指内侧按摩眼睛四周30秒,早晚各一次。

此外,还要学会合理调整作息,尽可能让生活规律,防止过度劳累,减少熬夜,保持心情愉快,尽量避免情绪的激烈变化。适当使用一些眼睛护理品,也能消除黑眼圈。

消除黑眼圈的美容小方

方法一: 把一小杯茶放入冰箱中冷冻约15分钟,然后用一小块化妆棉浸在茶中,再把化妆棉敷在眼皮上,能减轻黑眼圈明显程度。用浸泡过的茶叶袋挤去茶汁,同样可以达到功效。

方法二: 鸡蛋煮熟后去壳,用毛巾包裹住,闭上双眼用鸡蛋按摩眼部四周,可加快血液循环。不过注意,用后的鸡蛋恐怕是不能再吃了。

方法三: 苹果洗净切片,敷眼15分钟后用水洗净。苹果含汁量越高越好。至于用过的苹果片,当然也不能再食用。

方法四: 洗净马蹄莲藕,马蹄刮皮,然后将莲藕马蹄切碎。将材料放入榨汁机,再加2杯水搅拌。将水隔渣,然后敷眼10分钟。

方法五: 土豆去皮,然后清洗,切厚片约2厘米。躺卧,将土豆片敷在眼上,等约5分钟,再用清水洗净。

满脸油光的应对方案

这天对于雨彤而言是人生最黑暗的一天,在24小时里,雨彤人生的第一次告白失败了,第一次被自己暗恋的男生告知"你不是我喜欢的类型",更可悲的是,第一次从男生手上接过一张吸油面纸,吸油面纸,吸油面纸!重要的事情一定要说三遍!难不成雨彤满脸的油光是她告白失败的原因所在?另外,这年头的男生都会随身携带吸油面纸?

带着满腹的憋屈和疑问,雨彤找到了玲子,此刻,唯有玲子能给予雨彤排忧解疑吧。

当雨彤一把鼻涕一把眼泪地把自己告白失败的经过告诉玲子时,却换来了这样一句话:"如果一个满脸油光的男生向我告白的话,我会送他一瓶去油洗面奶。"玲子果然够毒舌,看来从她这里寻找安慰简直就是痴心妄想。

雨彤哀怨地望着玲子,"我的脸真有那么油吗?"

"是的,我甚至怀疑你今天把食用油当成面霜抹脸上了。"玲子的话太扎心了。

"还有救吗?"就算玲子的毒舌再狠,雨彤也没放弃,就冲这点,玲子也不能见死不救吧。于是,玲子缓缓地给出的"除油方案":"你是油性皮肤,早晚用洗面奶洗脸能清除脸部油脂却不能控制脸部油脂的分泌,因为油性皮肤表面出油很多,但其实肌肤内部缺水严重,去除油脂后,只有为肌肤补水,才能达到控油的功效。所以你要学会从补水开始,补水保湿可是保持肌肤年轻状态的基本护肤。洗完脸后多拍些收缩毛孔的爽肤水,经常敷些补水面膜。"

"嗯嗯,所言极是,请继续……"雨彤如同小学生般,接受着玲子的训话。

"多吃青菜,少吃油腻,多吃富含纤维素的食品,帮助排出过多油脂。这样既减肥了,又能把满脸油光的问题解决了。此外,一天洗脸次数不多于三次,使用温和的洗面奶,洗脸时可以在水盆中先加一点盐,不光有杀菌作用,还可以去除脸上的油脂。"

"还有吗?"雨彤小心翼翼地问道,生怕错过了任何"知识点",这努力学习的劲头实在是太可爱了。

对于勤学好问的学生,玲子自然会倾其所有,"尽量养成规律的睡眠时间,如果实在不得不熬夜,那睡前一定要做好清洁工作。最后,请随身携带一包吸油面纸。"

结尾的这句话让雨彤好生尴尬,不过,从今往后,她的兜里可以不带钱,也一定会带上吸油面纸的!这是多么痛的领悟啊!

敲黑板 划重点

皮肤过油的原因一般有如下几点：

1. 使用电脑的时间过长，电脑的静电作用使我们的皮肤脱水，从而产生干性皮肤越来越干、油性皮肤越来越油的恶性循环。

2. 经常熬夜会影响内分泌代谢不完全，造成皮肤水分流失，导致皮肤暗淡、油脂分泌过多、长暗疮等。

3. 很多护肤品中含有油性成分，如果本身是油性皮肤，又经常选用油腻的化妆品，就会加重皮肤的负担，使皮肤油脂分泌更多。

减少皮肤油脂的美容小方

使用冷热水交替

巧妙利用"热胀冷缩"的原理。在脸部皮肤清洗干净后，用温水让肌肤的毛孔扩张，以此达到更深层的清洁干净毛孔，然后再用冷水来达到收缩毛孔的效果，将备好的化妆棉在冷水中浸湿，贴在脸上毛孔粗大的地方，可以很好地收缩毛孔。

简单实用控油面膜DIY

黄瓜敷面：将黄瓜切碎，挤出浆汁，敷在脸部，用纱布稍稍吸附，防止滴淌，10分钟后洗去。

柠檬鸡蛋敷面：取少许小苏打与鸡蛋黄搅和，加入1～2滴柠檬汁，拌匀后敷在脸部，15分钟后洗净。

燕麦牛奶敷面：把燕麦片同牛奶调成膏状，敷在脸部，10～15分钟后用温水洗去。

生梨杏仁油敷面：将6个梨子煮透，凉后压烂，加1汤匙杏仁油，搅匀后敷在面部。能使油性皮肤变得细嫩，且可兼治粉刺。

第二章 活力健身家

瞧，那是马甲线！

最近，女星袁姗姗成为众多女生的新榜样，大家对她路转粉的理由很简单：马甲线！对！就是那令人惊艳的马甲线。马甲线，是平坦腹部的最高境界。没有赘肉的腹部，还要有肌肉线条，就在肚脐两侧两条直立的肌肉线，看起来很像马甲，因此被称为马甲线。柔弱的细腰时代已过去了，现在"马甲线"才是美和健康的标志，线条美才是王道！

袁姗姗在晒出的照片中身着运动背心，大秀平坦紧实小蛮腰，不仅"11"字形马甲线健康又性感，背后迷人的腰窝也清晰可见。这样漂亮的腹部线条可不是轻而易举便能打造完成的哦。

不信你就瞧瞧瘦身姐妹团的"战果"吧：潇潇纤细的身材过于单薄，不盈一握的小腰让人觉得有些病态；玲子倒是每天都在做腹肌撕裂的训练，可惜毅力不够，三天打鱼两天晒网，所以马甲线的打造还需时日；雨彤就更别提了，她现在最需要的是减掉小肚腩，然后再去打造马甲线……

其实，迷人的马甲线并非可望而不可即，大家只需坚持科学的锻炼，掌握有效的腹肌训练动作，便可拥有美煞众人的马甲线。

以下是袁姗姗马甲线健身口诀，都来取取经吧——
穿上马甲很简单
跟着姗姗来锻炼
有氧运动高抬腿
上身挺直是关键
大腿抬高至水平
四组八十是基本
卷腹四组分开练
提膝定腰腹收紧
上呼下吸气平稳
一个半月腹平坦
平板支撑做标准
肩肘垂直腰背平
要领切忌臀下沉
均匀呼吸无杂念
马甲易学不易练
每天坚持别偷懒

当然，亲爱的女孩们，有了口诀，最重要的就是要坚持了。罗马不是一日建成的，马甲线也非一日便可练成哦。加油吧！

敲黑板 划重点

在马甲线的锻炼时，会存在以下误区，大家一定要注意：

错误1：忽略复合练习

如果你严格执行腹肌的孤立练习，那你犯了一个巨大的错误。像硬拉、深蹲、过头推举这些复合动作会使你核心的每一寸都得到锻炼。不要忘记把这些动作列入你的训练计划中。

错误2：觉得可以忽略你的饮食

想拥有马甲线并没有什么秘密可言：降低你的身体脂肪百分比。你做几百个甚至上千个腹部练习也看不到自己的腹肌。你可以按照你所想要的来训练你的腹肌，但是你的饮食不保证的话，你将永远看不到性感的马甲线。

错误3：整个训练计划只练习腹部

腹部训练你只需要15分钟。如果你已经做了像深蹲和硬拉这样的复合练习，那么在你训练的最后1~2个腹部练习，每个动作做2~3组就已经足够了。

马甲线的打造课程

第1招：平躺抬腿，缩小腹

平躺抬腿，缩小腹：身体平躺平面，双手掌心向下至于臀部下方保护尾椎，双脚并拢伸直进行举高，过程中脚的高度不超过45度角持续保持悬空。

第2招：腹部用力伸展，强化肌肉群

腹部用力伸展，强化肌肉群：维持抬头抬胸状态，让手轴与膝盖交叉相碰，以仰卧起坐姿势双脚屈膝但脚掌离地，让右手轴轻碰触左膝盖再相反做一次为一单位，过程中不是只有上半身做转体动作，膝盖也要轮流靠近手轴做碰触。

第3招：斜侧扭转，缩腹运动

斜侧扭转，缩腹运动：斜放双脚进行仰卧起坐，需将屈起的脚倒向左或右边，以这姿态进行仰卧起坐，数次结束再换边进行。

第4招：左右摆动，屈膝缩腹

左右摆动，屈膝缩腹：抬直腿部以手指尖碰触脚趾尖，双脚要并拢垂直抬高，腹部用力抬起上半身以双手指尖同时触碰脚尖，然后马上躺下紧接着继续。

滚蛋吧，蝴蝶袖

　　经过了一个暑假，雨彤如脱胎换骨般瘦身成功，她冲着姐妹团的成员们郑重宣布："请欢迎我加入瘦子的行列！"众人望着眼前这位亭亭玉立的少女着实大吃一惊，减肥如整容啊，雨彤甩掉了一身肥肉后，颜值直逼女神潇潇。

　　大伙对雨彤的赞美和羡慕之词自然如滔滔江水，延绵不绝，雨彤被大伙夸赞得乐开了花，"亲爱的，瘦身成功了，接下来就要进行塑性哦。"玲子打断了这其乐融融的气氛，开启了毒舌模式，"瘦是瘦了，可你的手臂还是很粗呢，麒麟臂加上蝴蝶袖，这让你上半身看起来还是很壮，恕我直言，你现在加入瘦子行列还为时过早。"

　　玲子的话音刚落，姐妹们都不由自主地摸了摸自己的手臂，而雨彤更是撸起了衣袖，用手指掐了掐大手臂内侧的赘肉，"对！你就是那儿最胖了，这里的赘肉俗称蝴蝶袖。"玲子冲着雨彤说道。

　　"我也知道麒麟臂超难看，可这个部位特别难减，我也郁闷啊，哎……"雨彤竟叹气起来。

　　善解人意的潇潇拍了拍雨彤的肩，柔声地安慰道："别着急，塑性可以慢慢来，你现在已经很棒了。"

　　"对的，塑性需要一个过程，咱们别急，制定好瘦手臂的训练计划后，大家一起来练习。"玲子结束了毒舌模式，对雨彤鼓励道，"你的手臂肌肉比较松弛，要想消除蝴蝶袖，就要有针对性地对手臂肌肉进行训练。"

　　"谢谢大家，谢谢你们对我高标准、严要求，这么多肥肉都减下来了，我就不信对付不了这个难看的蝴蝶袖。"雨彤在大伙的鼓励下，斗志昂扬。

　　"好极了！从明天开始，咱们就统一战线，一块儿进行手臂的塑性训练，争取在夏天的末尾都能穿上美美的无袖连衣裙。"玲子总结性地发表了瘦身宣言。

　　"为了无袖连衣裙，拼了！"

　　"我要瘦手臂，滚蛋吧，蝴蝶袖，滚蛋吧，麒麟臂！"

　　瘦身宣言可谓是一呼百应，至于瘦手臂计划是否能成功完成，那就要拭目以待了。

敲黑板 划重点

蝴蝶袖，也就是拜拜肉，是女生们很厌烦的东西，蝴蝶袖的形成原因不外乎是身体脂肪过高、局部缺乏运动、肌肉松弛或是局部循环不佳等。

大家一定都觉得蝴蝶袖长错了位置，这要是长在胸部，那就完美了！

在进行瘦手臂的训练时，通过增强肌肉的柔韧性，扩大关节的可活动范围，能让血液的循环流动更加流畅，使细胞更加有活力，活化内脏器官的功能，帮助身体排出毒素。体内的循环环境变好，多余的脂肪和水分就难以在身体里面停留。同时，还能消除肩颈僵硬、酸痛等症状。因此，甩掉蝴蝶袖的锻炼可谓是一举多得哦。

减掉蝴蝶袖的训练课

1. 双脚开立，与肩同宽，双手握水瓶于体后，身体保持直立。慢慢将两手向上抬高至最大幅度，身体不能向前倾斜，保持10～20秒，重复3～4次。

2. 双手侧平举，掌心朝前方，双脚开立，与肩同宽，上体保持直立。用力将双肘向肋骨两侧收紧，手臂稍屈，背部两侧及后侧的肌肉收紧，保持8～10秒，再还原到准备姿势，重复6～8次。

3. 双脚开立，与肩同宽，双手握水瓶于体后，身体保持直立。慢慢将两手向上抬高至最大幅度，身体不能向前倾斜，保持10～20秒，重复3～4次。

4. 俯卧于垫子上，双脚开拢，额头贴于地面，双手放于身体两侧。双手于背后十指交叉，抬头，身体慢慢向上抬起，手臂平举与地面平行，保持6～8秒，重复8～10次。

让大象腿变瘦的方法

虽说周丹属于微胖人士，但她平时对自己的身材管理却是一点儿也不含糊，将管住嘴迈开腿原则执行得很好。可苦于大腿粗，所以整个人看起来还是女壮士一枚！

瘦大腿可非易事，周丹练过跑步、游泳、瑜伽等，可谓是使尽浑身解数，但大腿就是瘦不下来，每每看到女生们穿着短裙，她那个羡慕啊，可羡慕有什么用，拥有大象腿的人是甭想穿短裙的。

那天，周丹和潇潇一块儿去逛街，在商场的橱窗里看到一条新款短裙，周丹便挪不开腿了，这裙子就是她的菜啊。

"走，我们去试试这裙子吧。"潇潇显然看出了周丹的心思。

"算了吧……"周丹轻轻地叹了口气，"短裙是为你这样肤白腿细的女孩准备的，我这种大象腿还是算了吧。"

"瘦大腿是有点困难，但并不是完全没有办法啊，我之前大腿也有一些赘肉，后来我坚持练了好几个月的靠墙站，就真的把赘肉给减下去了。瘦大腿需要做的是针对性训练，只要坚持就会看到效果的。"谈起瘦身美容的话题，文静的潇潇也变得多话了。

"靠墙站？怎么个站法？快告诉我吧。"

"跟我来。"潇潇拉着周丹的手，走到商场的一个小角落，找到一面空墙，准备给周丹来个现场示范，"头部、肩胛骨、臀部及脚后跟要紧贴着墙壁，不可离开墙壁，这样可保持身体的挺直。另外，注意收腹和夹紧臀部，保持这样的站姿10分钟。开始做可能会不习惯，

但等习惯了之后即使闭着眼睛也可以掌握好平衡。如果觉得特别累，那么说明骨骼位置不正，这个方法可以帮助调整，还能缓解久坐带来的肩膀、腰部不适呢。"

随着潇潇的详细讲解，周丹也靠着墙笔直地站立着。

此刻，商场的角落里出现了两个正在"罚站"的少女，尽管偶尔有过路人投来惊讶的目光，但又有什么关系，为了瘦，为了美，为了一双大长腿，"罚站"也是一种快乐。

敲黑板 划重点

每个女生都希望拥有一双曼妙的腿,而能够在夏天露出笔直苗条的大腿更是件吸引人的事情。其实这并不难,每天小小的运动就能实现。

1. 坐在地上,双腿并拢,臀部与脚跟要尽量拉开,上半身向后倾,手放身后作支撑。

2. 上半身向前倾,抬起大腿,尽量将大腿贴向上半身,维持5秒。每天做3次,每次做10下。

此外,洗澡按摩也能达到瘦腿目的。每次沐浴的同时一定要是站着洗,这样还可帮助你消耗更多的热量。用热水冲洗两分钟,用手按摩大腿部,然后换冷水冲洗两分钟,再用手帮大腿按摩。这样反复几次,可以很好地促进大腿的血液循环,帮助燃烧大腿上面多余的脂肪,从而达到减肥瘦腿的目的。

简单有效的瘦大腿动作

腿粗的女生要下定决心,采取一定的措施将大腿根上的赘肉减下去。那么,怎么瘦大腿?可以做什么运动?

1. 平躺在床上,双腿竖起,与身体成90度,然后双腿张开,再并拢,每天做50次,对大腿内侧的瘦身较有效果。

2. 胜利V型腿。这个姿势不止锻炼大腿内侧最难瘦的肥肉,也可以同时训练腹肌,一次最少也要做20下,在肌力变好后慢慢增加次数效果会加倍。具体做法是:仰躺在地面上,双手放在骨盆处。然后双腿向上抬起,垂直于地面,脚尖绷直。保持上半身不动,双腿向两侧打开,形成一个"V"字形,停留数秒,然后回到并拢姿势。

3. 坐着的时候在膝盖中间夹一本书,保持不让它掉下来,每天坚持10分钟。

4. 半蹲摆腿式。像蹲马步一样,大腿前侧会非常酸,这个时候可以加上内外侧摆动,运动大腿内外侧的肉肉,持续5次,每次1分钟。

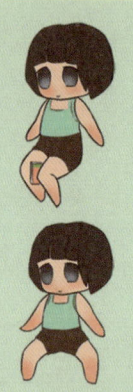

无深蹲不翘臀

模范生雨彤居然请假了,这可是难得一见的新鲜事。据可靠消息,雨彤因为做了过量的深蹲动作而导致大腿肌肉严重扭伤,卧病在床。看来雨彤为了练出迷人的翘臀,算是豁出去了。

很多女生和雨彤一样向往浑圆紧致的翘臀,也跟着网上无数的"无深蹲不翘臀"教程进行锻炼。然而结局多半是臀还没翘,腿先伤了……

"无深蹲,不翘臀"!

这是一句在健身圈里流传得很广的话,但它并不是一个真理,顶多只能算是一句口号,鼓励女生去尝试力量训练。

深蹲的动作路线是简单的上下直线运动,训练目的在于锻炼下肢肌群。深蹲时使用的大肌群最多,如果再考虑支撑作用,几乎所有的骨骼肌都参与发力。科学家对很多动作测量过做功,使用相同的重量,深蹲做的功最多,接近硬拉的两倍、卧推的五倍,而深蹲能够使用的重量超过硬拉,更大大超过卧推。因此深蹲对全身力量的增长,效果大大高于其他动作。但光靠深蹲是练不出漂亮的翘臀的,不正确的深蹲也会容易造成腰肌劳损。

深蹲被称为"美臀"动作之"王",它改变的不只是迷人的腿部臀部曲线,还有发自内心的自信。那么,正确的深蹲动作应该是怎样的呢?

首先要掌握标准的深蹲动作要领:站姿,双脚分开比肩稍宽,双脚脚尖稍微冲外成11点5分方向,挺胸收腹,双手交叉抱在脑后,稍微抬头,肘关节打开肩胛骨向后收紧,下蹲时保持后背挺直,收小腹并且塌腰,让臀部绷紧并稍微向上翘起,保持重心在足底,起立时重心稍微靠后,并且注意发力次序,尽量让膝关节和髋关节同时打开,膝盖始终保持稳定并与脚尖方向一致。此外,深蹲幅度在动作标准的前提下越低越好。

最后,建议每隔两天深蹲50次左右,分为三组进行,一组15~20次,组与组之间可稍做休息,但也不宜休息过长时间。掌握了以上深蹲的动作要领,坚持两个月后,你会发现你的臀部会有意想不到的完美变化。

敲黑板 划重点

深蹲是一种锻炼方法，它在锻炼大腿肌肉的同时，也会对心脏造成很大的刺激作用，对提高心脏功能和适应能力有明显作用。深蹲起主要练习的还是大腿及下肢力量，股四头肌、臀大肌、腰部等一些部位也会参与用力。

在练习深蹲时，要保持上身的挺直，可以稍微前倾，不能弓腰；下蹲时膝关节尽量不要超过脚尖；保持膝关节始终向前，和脚尖的方向一致，不能内扣，不能晃动；发力时要有意识地让臀部先用力；整个过程保持匀速，速度不能快。这个练习对心脏的刺激很大，心脏不好的人在练习前，最好先咨询医生。

练习深蹲的动作详解

1. 徒手深蹲

臀部向后下蹲，想象你的屁股后面有个凳子，你要坐上去。前伸胳膊保持平衡，挺直腰背。

保证你的膝关节和脚尖处于同一方向，不要过度内扣或外旋膝盖。

尽量蹲深，蹲到大腿平行地面或平行地面以下。

2. 靠墙深蹲

顾名思义，找到一面墙，保持深蹲姿势不动。

控制你的腿远离墙面，这样可以保证你的大腿和地面是平行的。

确保背部直立，整个背部完全贴在墙上。

3. 不对称深蹲

这种深蹲练习对平衡和改善一侧臀腿很有帮助。使一条腿高于另一条腿，可以让一条腿踩在一个箱子、杠铃片或踏板上。

以这个姿势深蹲，要领同徒手深蹲。

4. 杠铃后蹲

如果你做徒手深蹲已经很轻松了，那么你可以试试负重的杠铃深蹲。

如果你的腰背和膝关节不太好，最好别做这个训练。把杠铃放在你的斜方肌上，而不是放在脖子上，一定注意，放在脖子下方！

抬头挺胸，挺直腰背，有种要坐下去的感觉，想象你的屁股后面有个凳子，你要坐下去。

尽量蹲深，蹲到大腿平行地面或更深。

我为跑步代言

周末的早上,雨彤被哥哥从温暖的被窝里拉了起来,"起床了,小胖妞,和我一起去跑步吧!"

雨彤揉了揉睡眼惺忪的眼睛,没好气地咕哝道:"跑什么步啊?我——要——睡——觉。"说完后,居然倒头又睡着了。

哥哥满脸无奈,看来得使出撒手锏了,"今早和我一起约跑步的还有你的帅欧巴刘洋哦!"老哥一出手,就知有没有,刘洋是哥哥的同学,同时也是雨彤偷偷暗恋着的那个他。

"我马上洗漱出门!"雨彤立马钻出被窝,直奔卫生间。

一刻钟后,雨彤和哥哥便与刘洋在街口汇合了,"雨彤,欢迎你加入晨跑的队伍!"刘洋微笑地招呼道。

雨彤在刘洋面前,俨然换了个人,娇羞得不行。哥哥实在看不下去了,打趣道:"开始跑步吧,要不然咱家的小胖妞会晕倒的。"

雨彤给了哥哥一个卫生球眼神,然后转向刘洋,柔声地询问:"刘洋哥哥,据说跑步会越跑腿越粗呢。"

"没事,你的腿本来就粗!"哥哥回复道。雨彤顺势给了这个专业坑妹的哥哥一锤。

刘洋瞧着这对活宝兄妹,羡慕地说道:"我也好想有个妹妹,其实,雨彤不算很胖,圆嘟嘟,蛮可爱,如果能多跑跑步,把小粗腿跑细了,就绝对是个美少女啦!另外,跑步是不会把腿跑粗的哦。"

"可我的闺蜜跑了十多天的晨跑就把小腿练成了肌肉腿。"雨彤仍然不放心。

"在有氧力量训练中,肌肉的膨胀率实际上不太可能超过百分之二十。所以在日常跑步中,小腿即使变粗,也不会超过这个比率,而这几乎是看不出来的。更多的错觉来自不正确的跑步姿势,比如有人用脚尖跑步,这样小腿就会疲劳,有紧绷感,感觉小腿在'变粗',这下你明白了吗?"刘洋耐心地给出了专业的解答。

雨彤点点头,眼中除了崇拜还是崇拜,此刻的她绝对是一副花痴少女的傻模样。

"请问,咱们还跑不跑啊?亲爱的妹妹,博学的帅欧巴。"哥哥故意拉长了声调问道。

"当然跑了!"雨彤立刻有模有样地做出了起跑的姿势。

"Ready? Go!"随着刘洋的一声令下,三人便开始了晨跑之旅。

敲黑板 划重点

关于跑步的真相

真相一

很多人跑步会用前脚掌落地,跑起来轻松不费劲,但是对于小腿粗壮的人就不适宜了。正确避免小腿变粗的方法是用脚跟落地,全脚掌触地慢跑。

真相二

运动完之后拉伸是小腿塑形的至关重要点。在这里可以教大家一招,可以尝试放弃传统的跷腿按压,更便捷的方式则是站到离墙一臂宽的距离,然后用手扶墙支撑,身体与墙面成30度的角。坚持5分钟,感受小腿的肌肉被无限拉伸,可以根据自己的身体柔韧度来调节。

正确地跑步姿势

1. 落地缓冲,如果你有仔细观察过他人跑步,你会发现,很多人都是全脚掌着地,落地时的声音也比较大。正确的动作是在跑步时,腾空脚落地时要中位脚先着地,脚掌就不要着地。这是对于脚踝、膝盖的一种保护,防止骨膜炎的发生。

2. 摆臂,在跑步过程中,保持身体的平衡性和协调性,使身体更自然地摆动,更符合人体运动的韵律。摆臂时,只要记住前不露肘,后不露手,自然地随着脚步而摆动。

3. 抬头挺胸，跑步时保持抬头挺胸有助于改善人体的呼吸循环系统以及建立正常的脊柱状态。因为你在跑步过程中，人体在不断地消耗能量，易出现疲劳状况，这时如果你能用你的意志挺起你的脊梁，那么你要改善驼背状况其实就很简单了。

4. 呼吸，跑步时的呼吸是深远而悠长的，一般采用鼻吸嘴呼，体力下降较为严重时可以采用嘴吸嘴呼方式。

适合女生的运动项目

女生想拥有健康的身体，一方面要在饮食上注意搭配均衡，另一方面就是要注意运动锻炼，两方面结合起来才是健康的生活方式。现在，健身已成为人们生活中非常重要的一部分。在加入健身大军之前，每个人都必须了解一下：什么运动项目最安全、什么运动项目最适合自己。

在此，将给大家分享四种适合女生的健身项目。

1. 打羽毛球

打羽毛球能够起到拉伸全身肌肉的作用，使手部肌肉、小腿和大腿都得到了很好的锻炼，具有很好的塑形体的效果。

2. 游泳

游泳可以增加人的肺活量，增强心肌功能，身体的抵抗力也会因为经常游泳而得到增强。游泳也会燃烧脂肪，达到健美的作用。

3. 跳舞

跳舞可以令身体变得更加柔软，可以预防人腰疼，也可防止因为经常扭动腰部时面发出咔嚓的声音。

4. 健美操

健美操是在优美的旋律伴奏下，用各种身体姿势和徒手动作在表现自我中进行的。它的运动负荷适中，动作优美，变化多，自由度大，随意性强，而且娱乐性高。既可以单独练，又适合集体练；既适合体能强的人练，也适合体能弱的人练。长期参加健美操练习，可使人在柔韧、协调、灵敏、耐力等方面得到良好的发展。对塑造健美的姿态，培养节奏感，提高身体的表现力和音乐素养，都有良好的作用。

5. 跳橡皮筋

跳皮筋有许多跳法和技巧，由低向高，由下向上逐级上移，跳完一级后才能升高一级。跳的姿势也有许多变化。有双人跳、单人跳、花样跳，等等。

在跳皮筋时，皮筋举得越高，跳的难度就越大，当然对锻炼身体的作用也就越大。特别是对腰腿的柔韧性和各个关节的灵活性作用更大。这项活动主要是跳跃动作，可对下肢骨骼产生一定的压力，使骨骼得到更多的血液和营养。对避免少女下肢骨骼弯曲和扁平足的形成都有良好的预防作用。

跳橡皮筋主要是以四肢活动为主，两脚跳跃、两腕旋转、肩背、腰、腹、臀部、大腿、小腿直至脚的各个关节都参加活动。

因此，全身的血液循环加快，得到更充分的氧气和营养供应。同时对下肢骨骼有较强的压力，对促进骨骼的生长作用较大。在自摇自跳时，需要上下肢的密切配合，因此，对提高神经系统的协调和灵活性都有较大的益处。

健身专家警告说，习惯锻炼不分好坏，关键是不要被它长期控制和左右，不要"从一而终"，沉溺其中不能自拔。

或者干脆把所有的习惯都摈弃改掉，最好养成一个不断改变自己原有习惯的习惯，养成"反复无常""来去无定"的习惯，让每个习惯都能在人身上良性循环，时常变化，成为人体健康的"好伙伴"。

另外，改变锻炼身体的强度和时间，也是运动多样化的一个方面。每项运动使用不同的肌肉或以不同的方式使用同部位的肌肉，运动多样化能更全面的使身体健康。如果第一天做长时间缓慢的锻炼，第二天则应缩短时间，增加强度。

女生运动时的注意事项

1. 运动前先卸妆,用中性清洁剂洗净脸部污垢,因为运动时如果脸部残留化妆品污垢,会造成毛孔阻塞。

2. 运动时要注意护发,汗水、阳光和碱水是头发的天敌,运动后必须洗净头发。

3. 户外运动时,为避免头发遭受阳光及盐分侵蚀,最好戴上帽子。

4. 运动后要立即脱掉湿衣服,否则肩、背、胸上的暗疮会在湿衣服的摩擦下复发。此外,汗水黏附在皮肤上,容易长粉刺。

5. 由于阳光照射会加速皮肤衰老,经常运动的女性要使用防晒霜,避免皮肤与阳光过分接触。

6. 运动后不要马上洗澡。

剧烈运动后如果洗冷水澡,皮肤会因突然受到刺激,使血管立即收缩,血液循环阻力加大,同时机体抵抗能力降低,人容易生病。洗热水澡则会继续增加皮肤内的血液流量,导致心脏和大脑供血不足,轻者头晕眼花,重者虚脱休克,还容易诱发其他慢性疾病。

7. 要选择清爽浴液,因为运动时皮脂腺分泌更加旺盛,沐浴不仅可以洗去皮肤积存的污垢、促进血液循环,还能调节皮脂腺与汗腺功能,使毛孔畅通,皮肤更光滑。运动后进行洁肤、爽肤、再润肤,避免皮肤过早老化。

8. 不要暴饮止渴。大量喝水会加重胃肠负担,使胃液稀释,这样既会降低胃液的杀菌作用,又会影响对食物的消化。而喝水速度过快,突然加重心脏的负担,会引起体内钠、镁等电解质发生暂时性紊乱,甚至可能出现心力衰竭、胸闷腹胀等。

在瑜伽世界中找到最美的自己

周末聚会的时候,玲子穿了件一字领的上衣,完美地显露出优雅的天鹅颈线条,可谓惊艳全场。雨彤像迷妹一样地望着玲子,羡慕地说:"这身条完全就是名模范儿啊!"

转而又叹了口气,"这种款式的衣服我是最不敢尝试的,因为我有点驼背。"

"嗯,玲子的背部和颈部线条好美!"潇潇也跟着赞不绝口。

在大伙的一致好评下,玲子自信地摆了个美美的Pose,"其实,我之前也有含胸驼背的坏习惯,经常被我妈批评。后来我和妈妈一块儿去瑜伽馆进行专业的瑜伽练习,渐渐地,背也不驼了,颈部的线条也得到了很好的提升。"玲子边说还边示范着一个瑜伽体式。

雨彤和潇潇立马也跟着有模有样地练习起来,可突然听到"哎哟"一声,雨彤皱着眉头说道:"我的脖子是不是被扭到啦?有点痛。"

玲子做了个停止的手势,示意雨彤停止练习,"瑜伽练习的每一步骤要谨慎,不可操之过急,练习过程中要配合呼吸,动作要尽量舒缓,要保持整体动作的平衡。可不是随便比画两下就能学好的呢!"

"那你也带我俩去瑜伽馆练习吧,我最近玩手机游戏太多了,整个人都觉得很僵硬。"雨彤急切地说道。

"就冲你这个态度,我一定会带你们去学习瑜伽的,离开手机,来到瑜伽的世界吧,美妞们。"

"每个人都适合练习瑜伽吗?不会对身体造成伤害吧?刚才雨彤做一个体式就被拉伤了,所以我有点小怕怕呢。"潇潇提出了自己的担心。

"我的瑜伽教练和我说过,任何年龄的人都可以练习,但是要根据自己的身体状况选择适合自己的体式,避免不适合的。总之,因人而异吧,自己要对自己的身体有充分的了解,练习时要特别关注身体信号,如果你的身体在'抗议',疼了或者累了,不要勉强,而且,最重要的是,要在专业教练的指导下按正确的方式练习。"

"Ok。"玲子一番颇为专业的解答消除了潇潇的顾虑,于是,三人便相约晚上在瑜伽馆见面。这风风火火的办事效率的确很赞哦!

敲黑板 划重点

瑜伽作为一种能修身养性的运动，非常适合青少年练习。

练习瑜伽可以帮助我们集中注意力、提升耐力，因为瑜伽中的平衡体式对注意力要求很高，只要稍微走神，平衡力就会变差。常练瑜伽，学会专注，那么，学习效率提高了，学习成绩自然也就上来了。

此外，家庭作业、测试题、各种考试，再加上课外补习班让我们的作业堆积成山，长时间的伏案学习，导致肩颈僵硬，出现驼背、视力下降等问题。瑜伽的肩颈舒活和脊柱伸展练习，帮助我们很好地打开肩背，减轻肩颈疼痛、僵硬问题，瑜伽中的特殊技巧练习更是有助于提高视力、解决高低肩、长短腿、脊柱侧弯等问题。

适合少女们练习的几个瑜伽体式

1. 树式瑜伽

站姿，双腿并拢，双手在胸前合十做祈祷姿势，腰背挺直，挺胸抬头，平视前方。脚尖张开，左腿利用大腿肌肉的力量抬腿，膝盖弯曲，小腿向上抬平，使左脚掌贴在右大腿根部（初学者若不能完成，可用手来帮助完成）。

2. 新月式瑜伽

树式站姿开始，左脚向身后迈出一大步，使左脚脚跟抬起，脚尖着地，腿部伸直。右腿膝盖弯曲，脚掌着地，类似弓步。手臂向上举起，手掌在头顶处合掌，肩膀和背部向下压，保持片刻，反复做5次。

3. 三角式

山式姿势开始,左脚向身后迈一大步,脚部向右侧扭转,左脚向前,使左脚与右脚在一条直线上。向前弯腰,使背部与地面平行。左手臂向上伸直,指尖朝向天花板,右手臂向下垂直,手握脚踝,双手臂在一条直线上。头部抬起,目光向上看可保持身体平衡,做5次均匀呼吸。

以上三个体式是最基础的瑜伽动作,难度不大,几乎每个人都能完成。瑜伽不但塑造人体形态美,更能增强内心的力量,塑造平和积极的心态,瑜伽就是内外兼修的过程。

减肥是减重吗?

大半夜,周丹向大伙群发了条微信:"喜报!我已经成功减掉八斤肥肉啦,体重终于来到了两位数!为我欢呼吧!"

虽说这是个可喜可贺的好消息,可这位同学发布的时间点也太有创意了吧,三更半夜的,谁会给你回复啊?

为了尽快让姐妹们看到自己的瘦身成果,周丹一大早便来到了教室。

"玲子,亲爱的,收到我的微信了吗?"周丹最先堵到的人是玲子。

"大清早就看到啦。恭喜恭喜。"玲子有点敷衍了事。

周丹臭美地在玲子跟前转了一圈,接着问道:"减掉这八斤,我只用了十天哦,厉害吧?"

"要我说实话吗?"

"当然!"

"一点也不厉害,你减掉的这八斤肉多半是水分,并不是真正的减脂,你减掉的这八斤很快就会反弹。"玲子给周丹当头泼了一盆冷水。

"你这是故意气我吗?"周丹面露不悦。

"这是我给你的科学性分析。"玲子清了清嗓子,给出了权威性解答,"体重中包含骨骼、肌肉、血液、细胞液、淋巴液和脂肪。人们通过一些减肥方法,使得体重下降。但过程中,或许脂肪并没被消耗,只是水分或者肌肉变少。脂肪不少,体重变轻,那这

就只是一种'虚瘦'。有没有瘦还得看体脂率。

体脂率是指人体内脂肪重量在人体总体重中所占的比例,它反映人体内脂肪含量的多少,以及肥胖的程度。体脂率下降了,也就说明你身体中的脂肪含量减少,那你就是真瘦了。而据我目测,你的体脂率还是蛮高的,所以体重应该很容易反弹。"

听罢玲子的解释,周丹的幸福指数直线下降,"那我该怎么让体脂率下降呢?我不要重回三位数体重!"在周丹看来,体重过百简直就是世界末日。

"减肥减的是维度不是体重,你不要总是纠结于体重秤上的数字,只要体型变瘦了,体重根本不重要哦。"玲子说道。

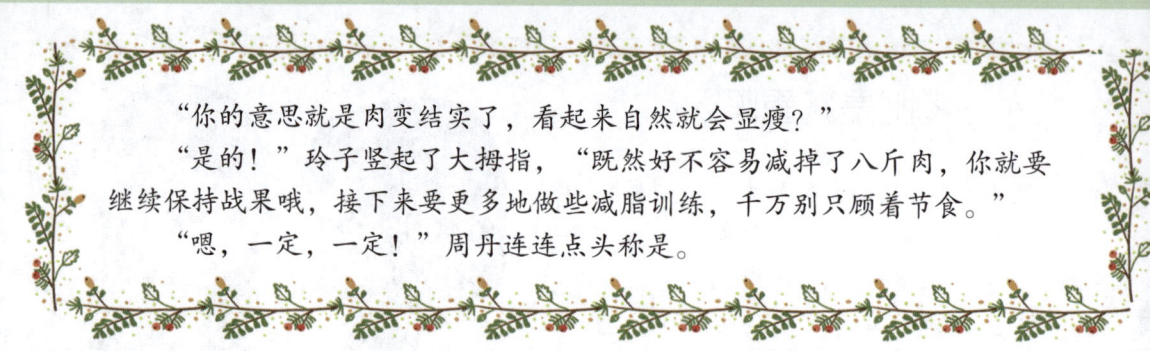

"你的意思就是肉变结实了,看起来自然就会显瘦?"

"是的!"玲子竖起了大拇指,"既然好不容易减掉了八斤肉,你就要继续保持战果哦,接下来要更多地做些减脂训练,千万别只顾着节食。"

"嗯,一定,一定!"周丹连连点头称是。

敲黑板 划重点

身体被分为"瘦体重(无脂肪体重)"和"脂肪总重",体重秤只能告诉你减少了多少"体重",而非"减少了多少脂肪"。

……

一公斤的铁与一公斤的棉花,何者重量比较重呢?

答案是:一样。

一公斤的铁与一公斤的棉花,何者体积比较大呢?

答案是:棉花。

同理,明明体重一样,但有些人看上去胖,而有些人看上去瘦。胖和瘦,不能仅靠体重来衡量。你需要关心的不应是一个数字,而是真正的体脂肪含量。

正确理解减脂和减重:

减脂:降低体脂率或减少脂肪的含量。

减重:总重量降低,包括肌肉、脂肪、水分,等等,减重过程肌肉和脂肪会一起流失,不可能只减少脂肪而不减少其他任何组织。所以,你真正要在意的不是体重而是体脂。

减脂的最佳运动方法推荐

减脂运动1. 抬起上半身
躺在平地上，抬起身体的三分之一后静止5秒后再放下。每组20次，反复3组，能有效减掉腹部赘肉。

减脂运动2. 抬起臀部
躺在平地上，伸直双臂放在身体两侧。贴紧双腿向天空抬起后抬起臀部。腿保持不动，不要弯曲，在静止的姿势下抬起臀部的效果会更好。每组做20次，反复做3组。

减脂运动3. 椅子姿势
双脚打开成肩膀宽度站好，双臂向前伸直。反复呼吸，将上半身向前弯曲到90度。将臀部向后伸出，像坐在椅子上一样的姿势伸直上半身向下坐。保持姿势20秒后回到开始姿势，做3组。

减脂运动4. 坐着向后躺
弯曲膝盖坐在地上，小腿贴在大腿的外侧。双手放在脚掌上慢慢弯曲上半身向后躺。静止30秒后重新回到开始姿势，反复做3组。

减脂运动5. 胳膊内侧减肥
双臂张开成肩膀宽度，手拿水瓶抬到头上方。如果过度勉强的话肩膀会有酸痛感，所以要注意。向后弯曲手臂后回到开始姿势，每组20次，反复做3组。

减脂运动6. 胳膊外侧减肥
利用椅子或者桌子，用手把住边缘向下坐，下蹲到臀部不碰地面是要点。在这个状态下反复做蹲起，手肘稍微弯曲去下蹲才能多刺激到胳膊上。每组做20次，反复做3组。

后　记

昨夜梦到我还在青春懵懂的年龄，坐在校园的教室里，老师掷过来的粉笔头正中额头……

梦醒了，我已是人到中年。

张爱玲说过："对于三十岁以后的人来说，十年八年不过是指缝间的事，而对于年轻人而言，三年五年就可以是一生一世。"

亲爱的，珍惜这短暂的青春光景吧。在琐碎的青春时光，爱上最美的自己。这本书能顺利和各位读者见面，首先要感谢石油工业出版社的各位老师，是他们给了我有力的支持和鼓励。

此外，本书在编写过程中，还得到了刘盈盈、王瑞卿、鲜海波、张伟、袁自强、张巍奇、鄂颖琳、田凤仪、高正、高云、顾正娟、田京平、丁贵涛、雷春铭、陈光、杨宇、徐立等众位好友的帮助，在此一并致谢！

石油工业出版社隆重推荐

◀ 越玩越聪明的数独游戏全集 ▶

中油书店京东专营店　　石油工业出版社中油书店

石油工业出版社隆重推荐

◀ 信封里的民国系列 ▶

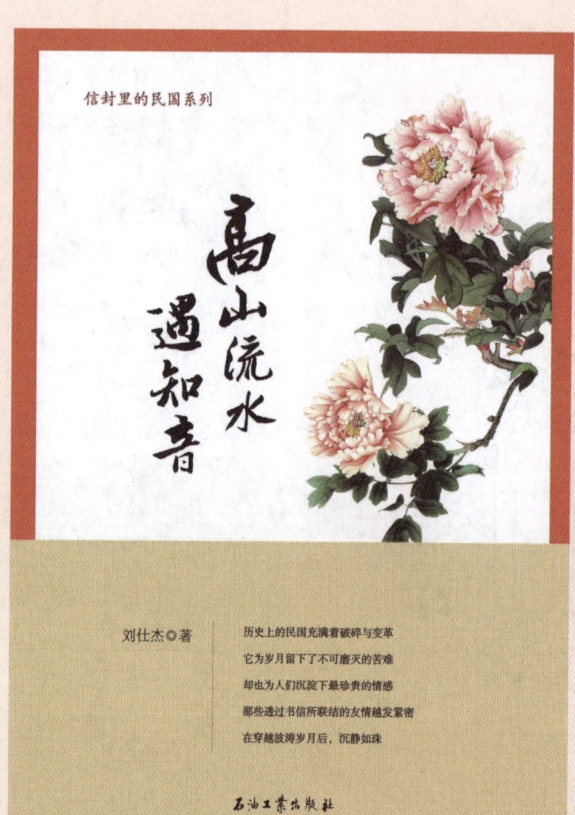

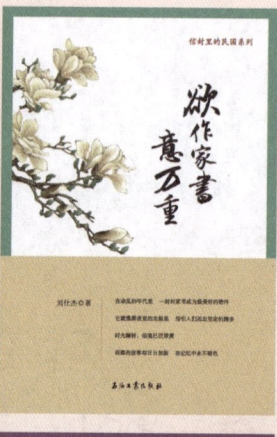

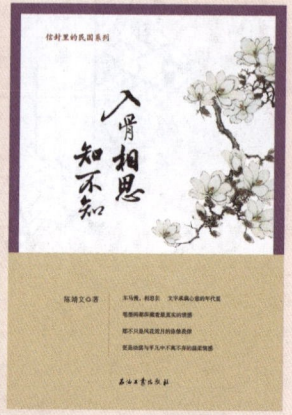

中油书店京东专营店　　石油工业出版社中油书店